Ostern Malbuch Für Kinder

3 - 6 Jahren

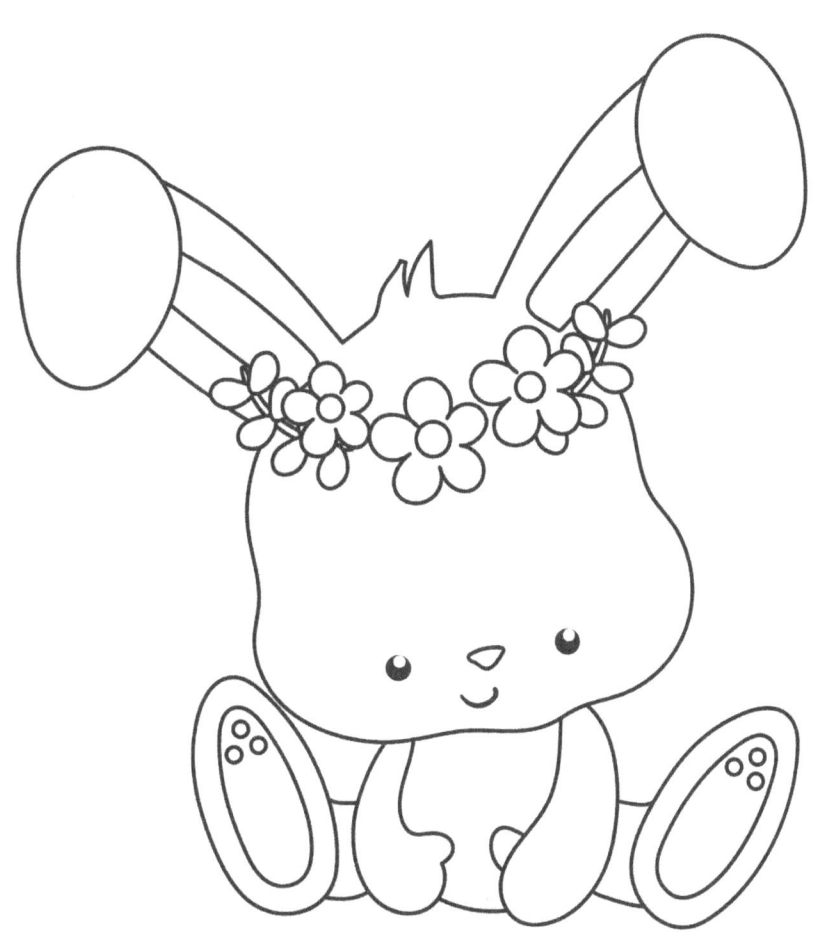

Kein Teil dieser Publikation darf in irgendeiner Form oder auf irgendeine Weise elektronisch oder mechanisch reproduziert oder übertragen werden, einschließlich, jedoch nicht beschränkt auf, Audioaufnahmen, Fax, Fotokopieren oder Informationsspeicher- und -abrufsysteme ohne ausdrückliche schriftliche Genehmigung des Autors oder der Autorin Herausgeber.
German Luther Translation
© 2020 antekpublishing Author Alle Rechte Vorbehalten

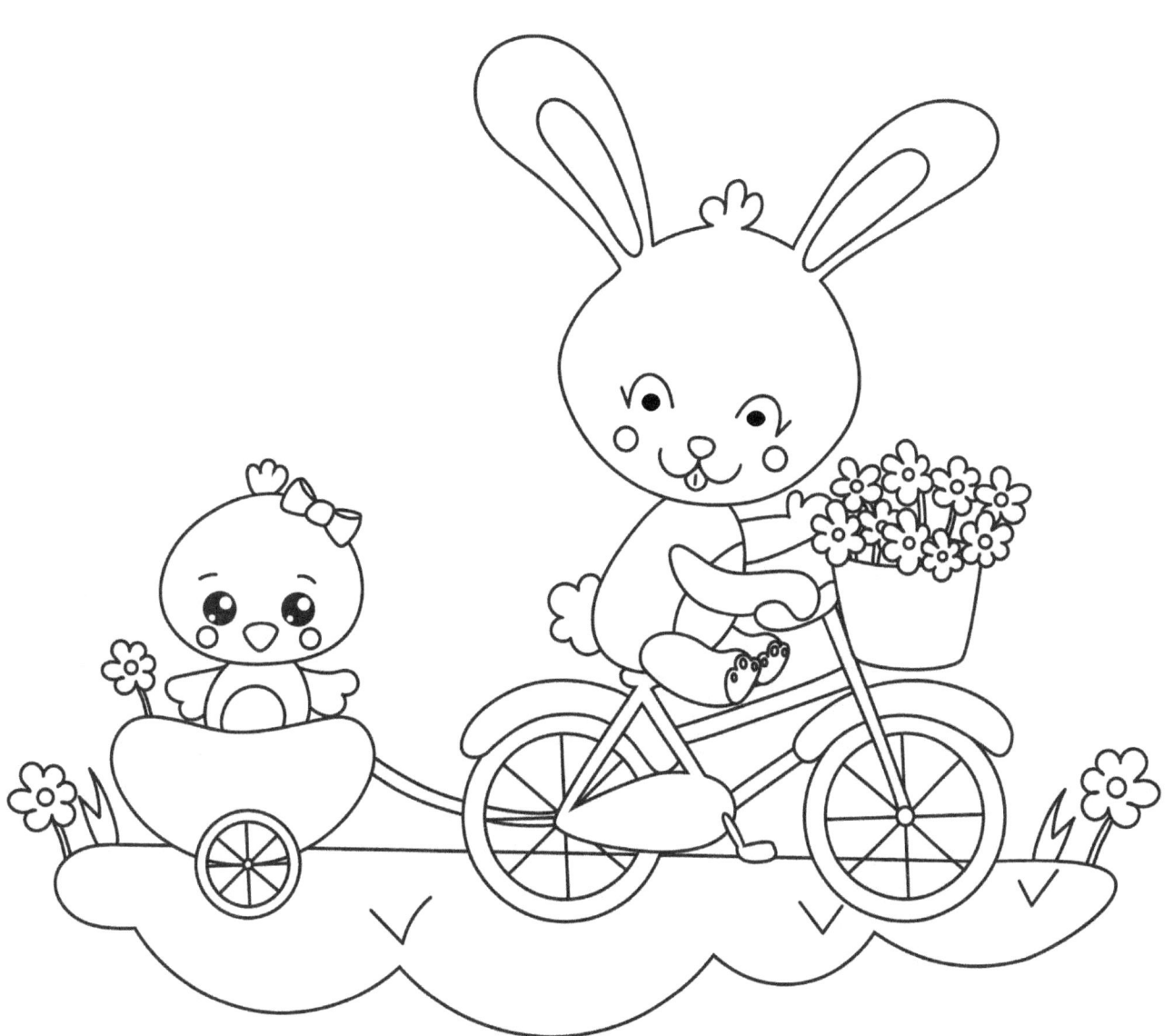

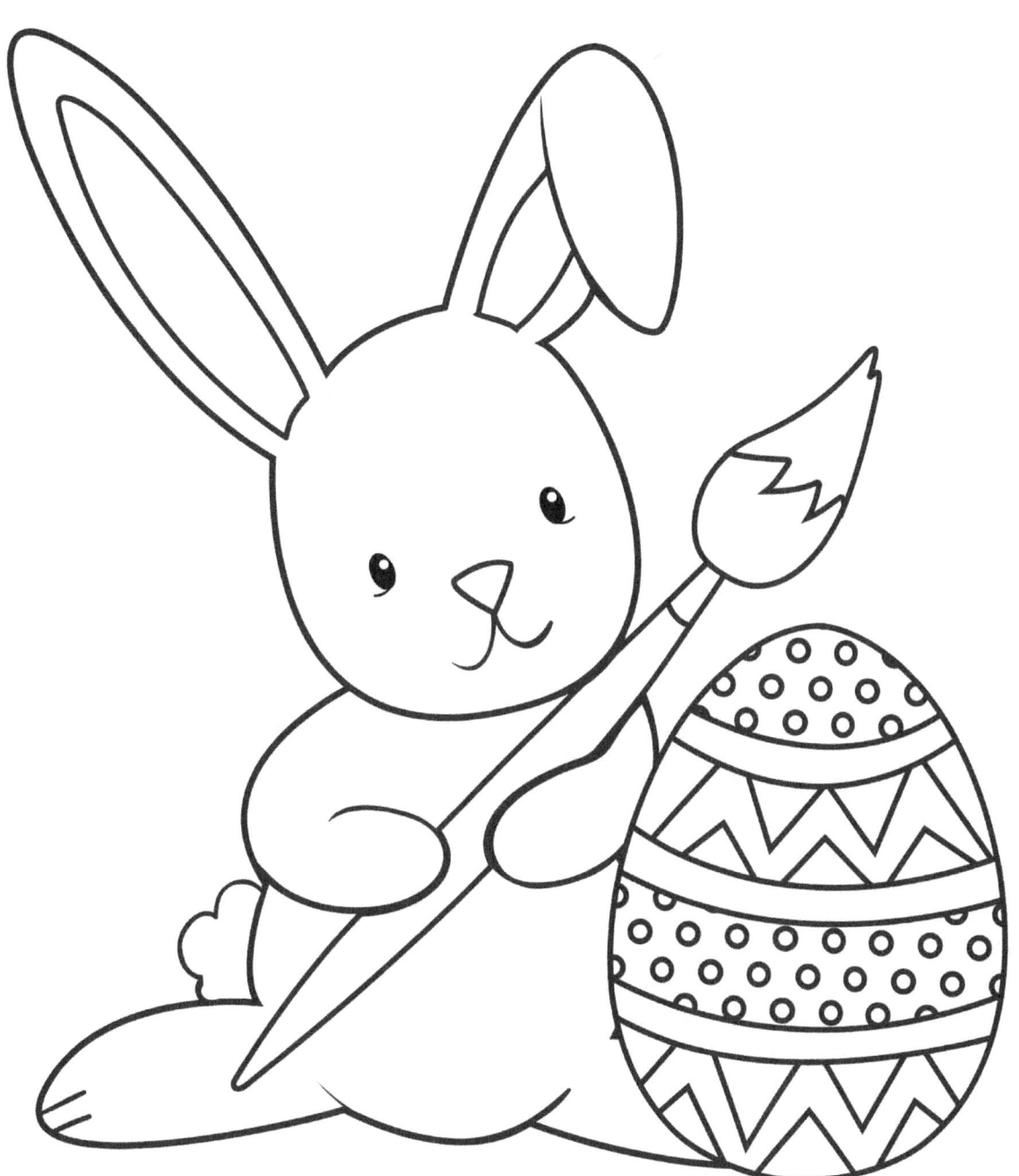

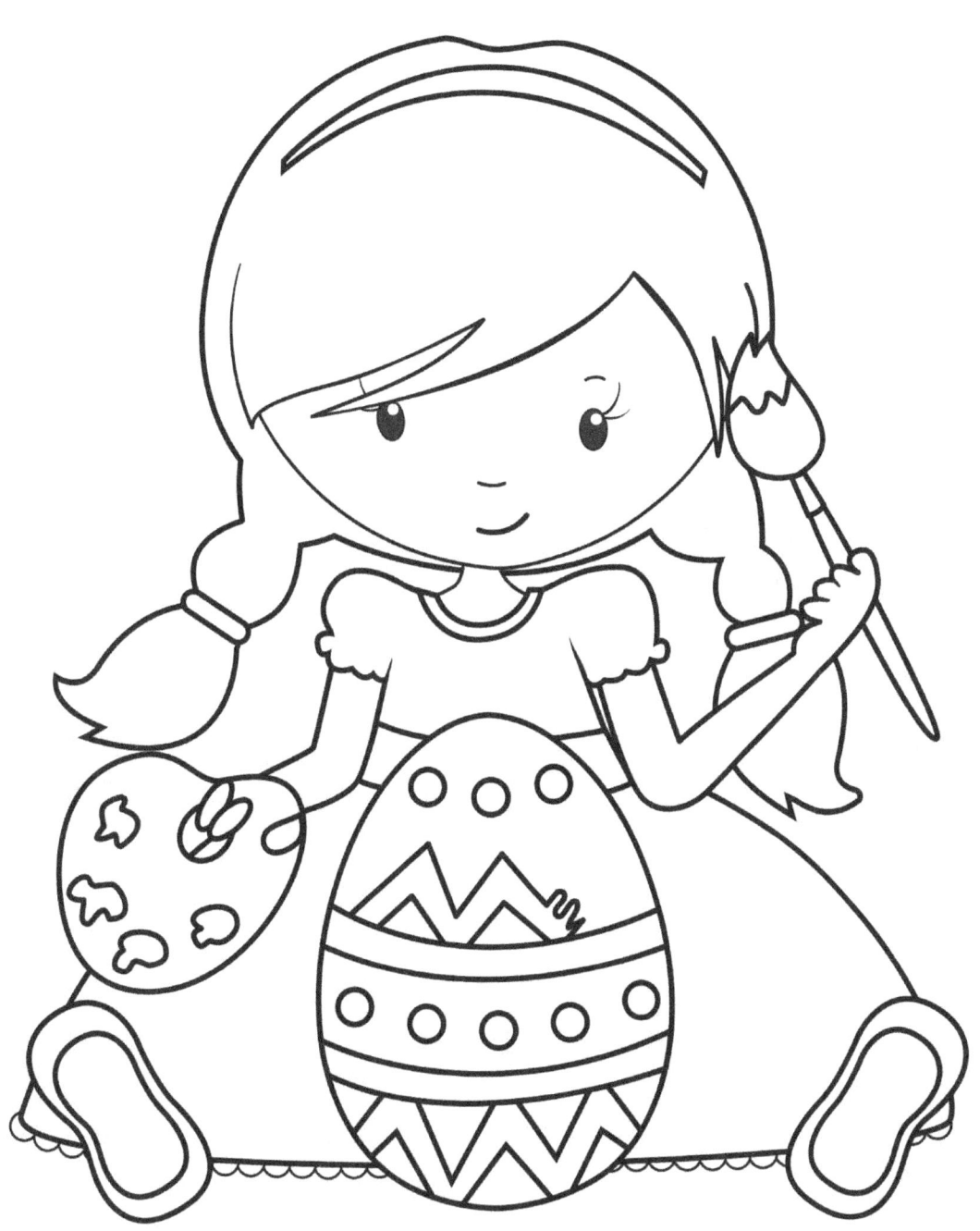

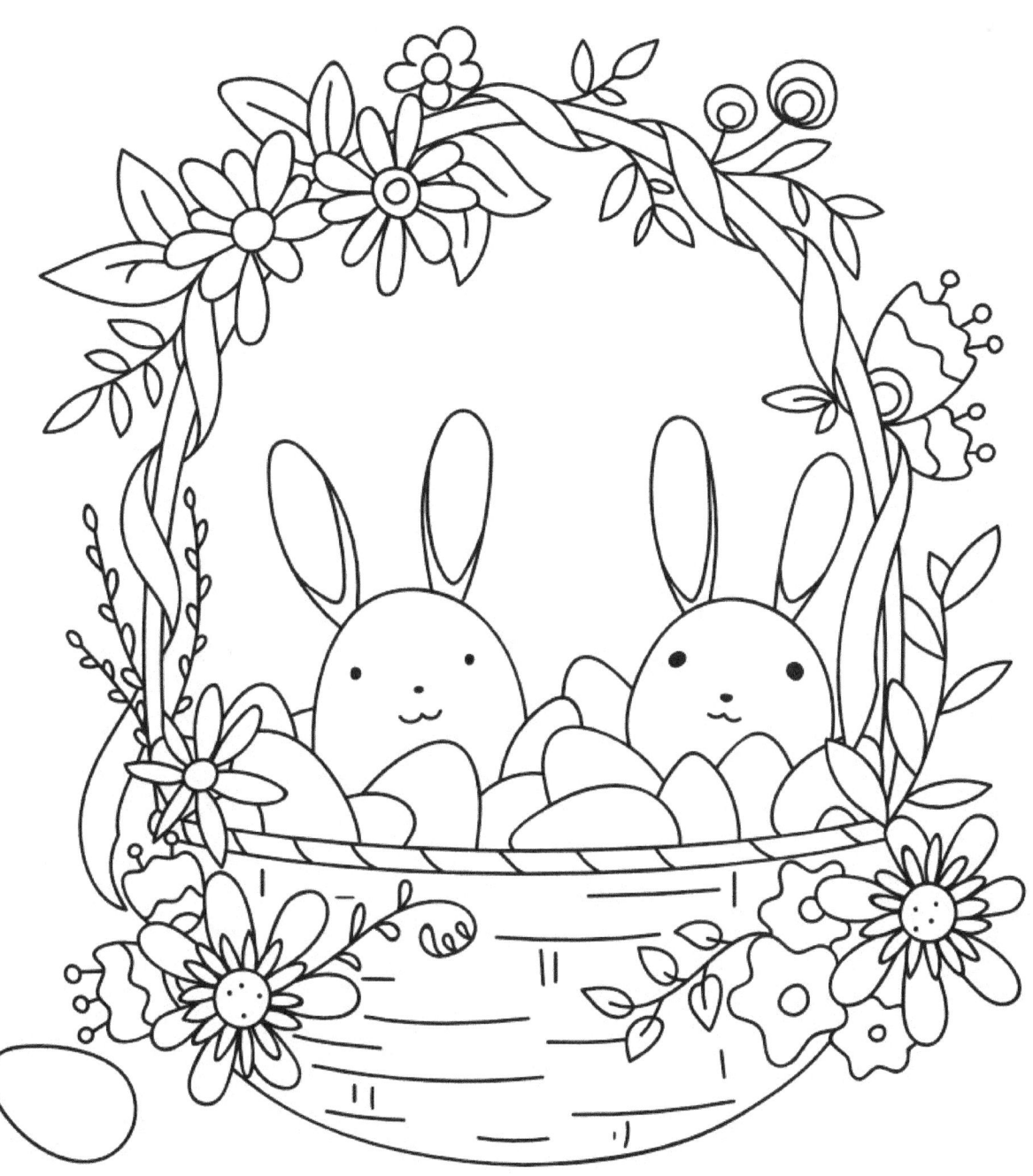

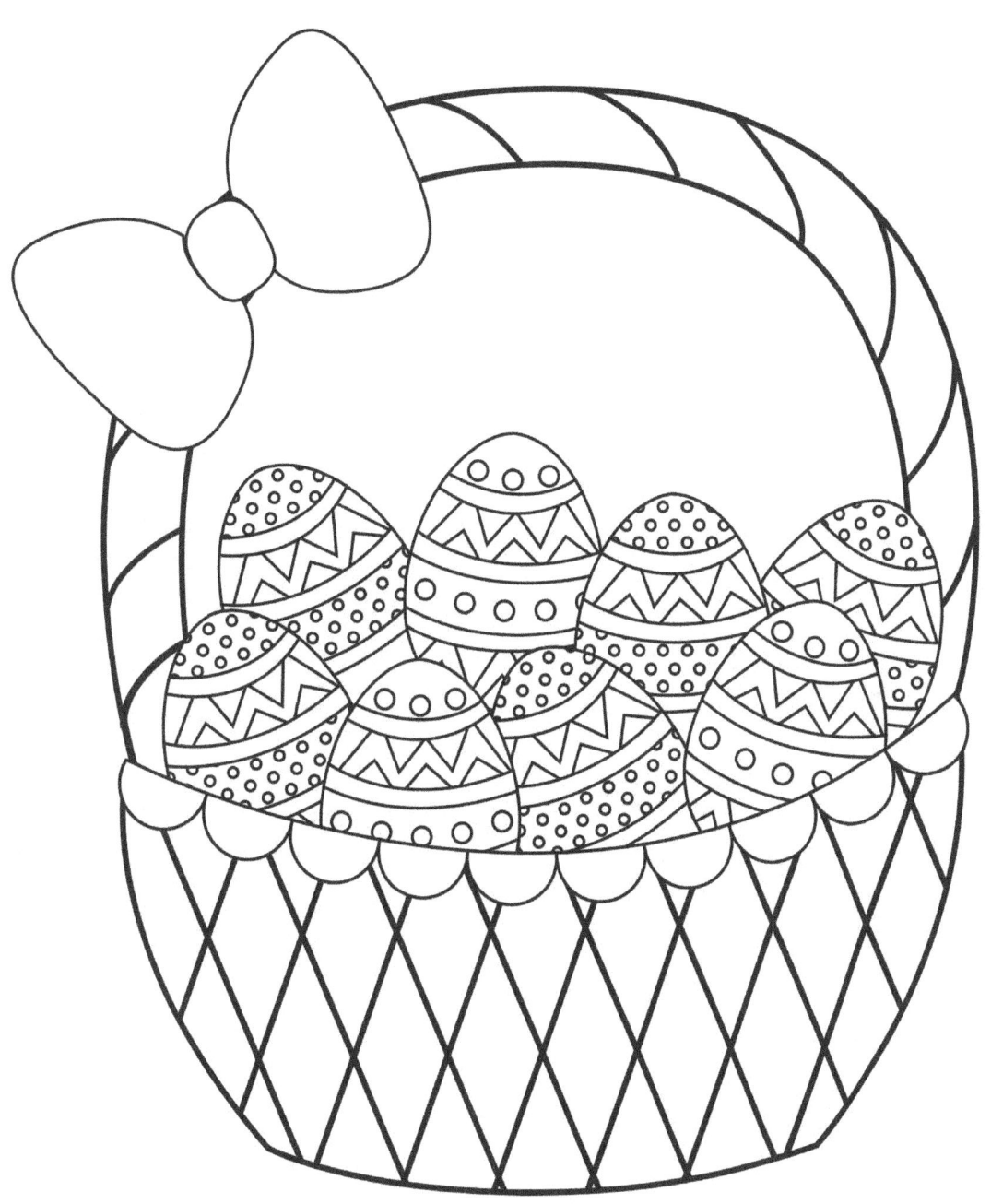

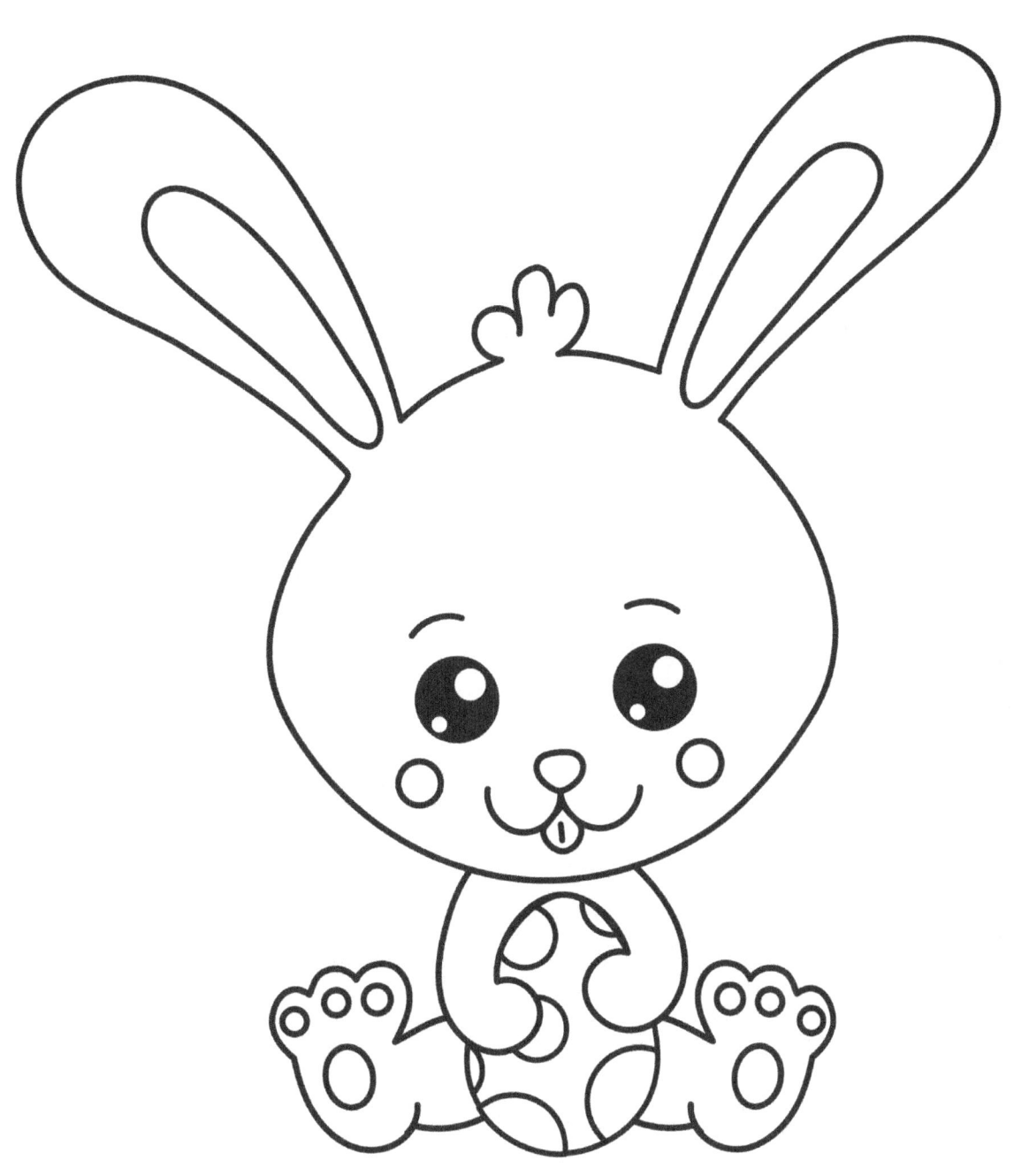

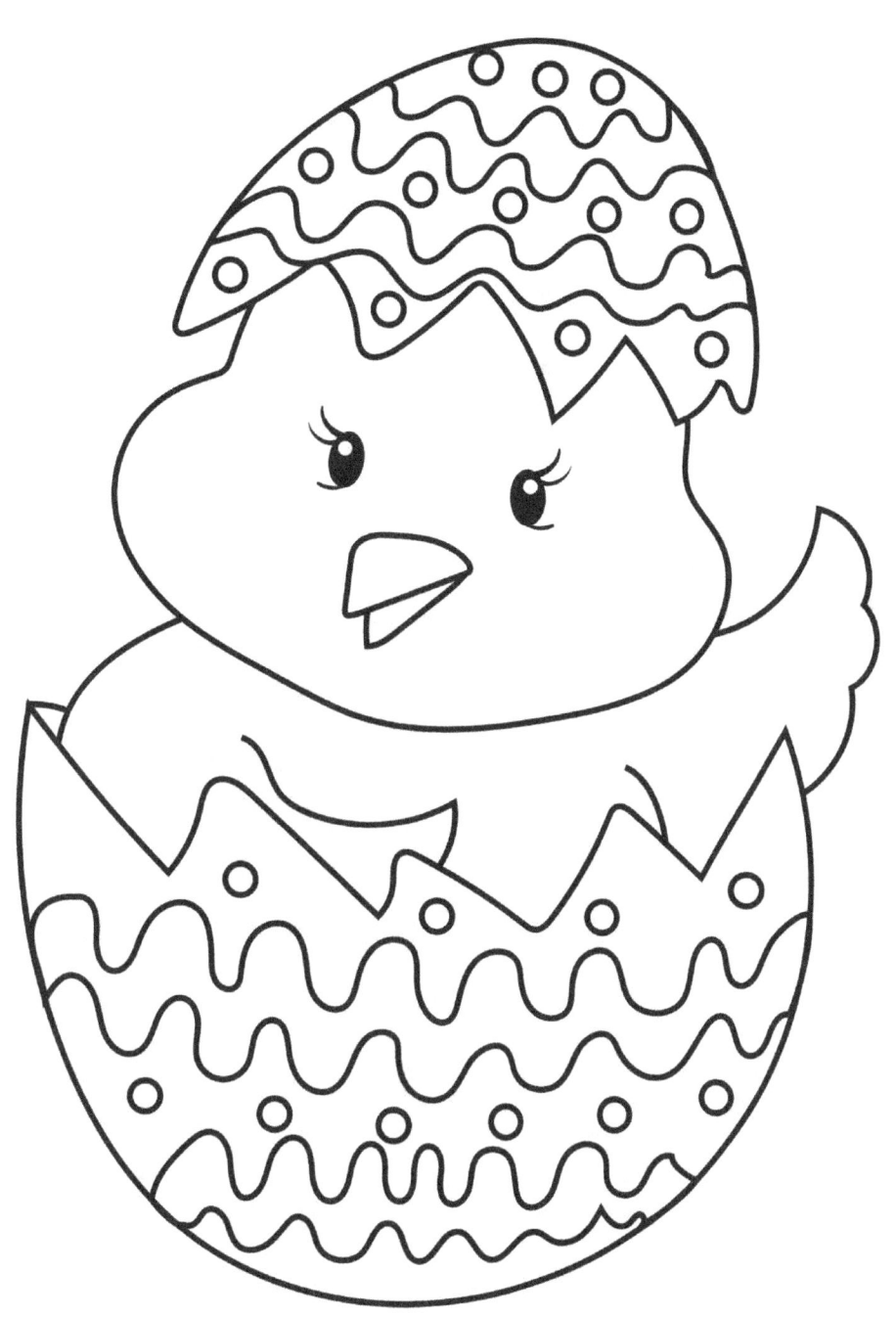

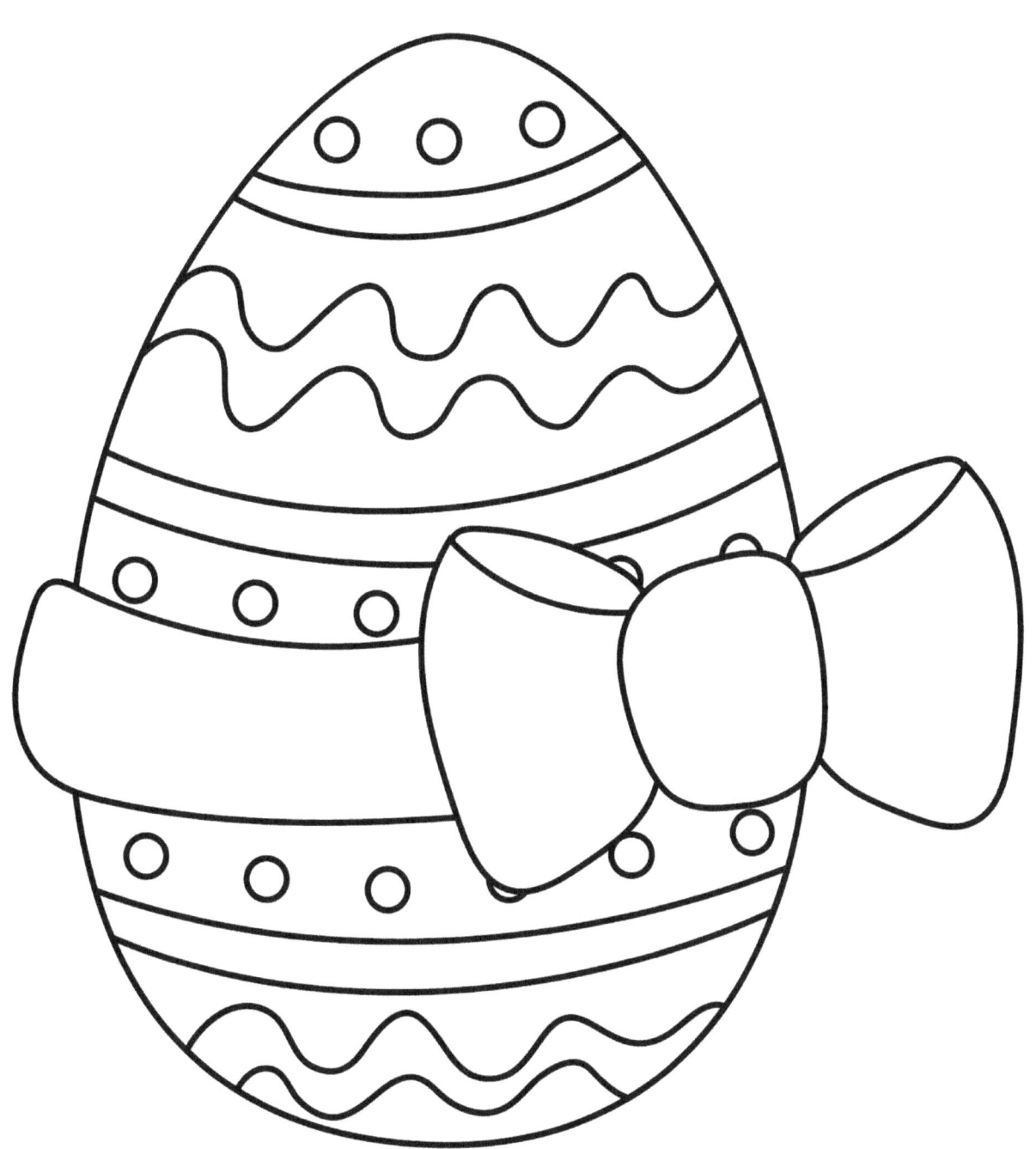

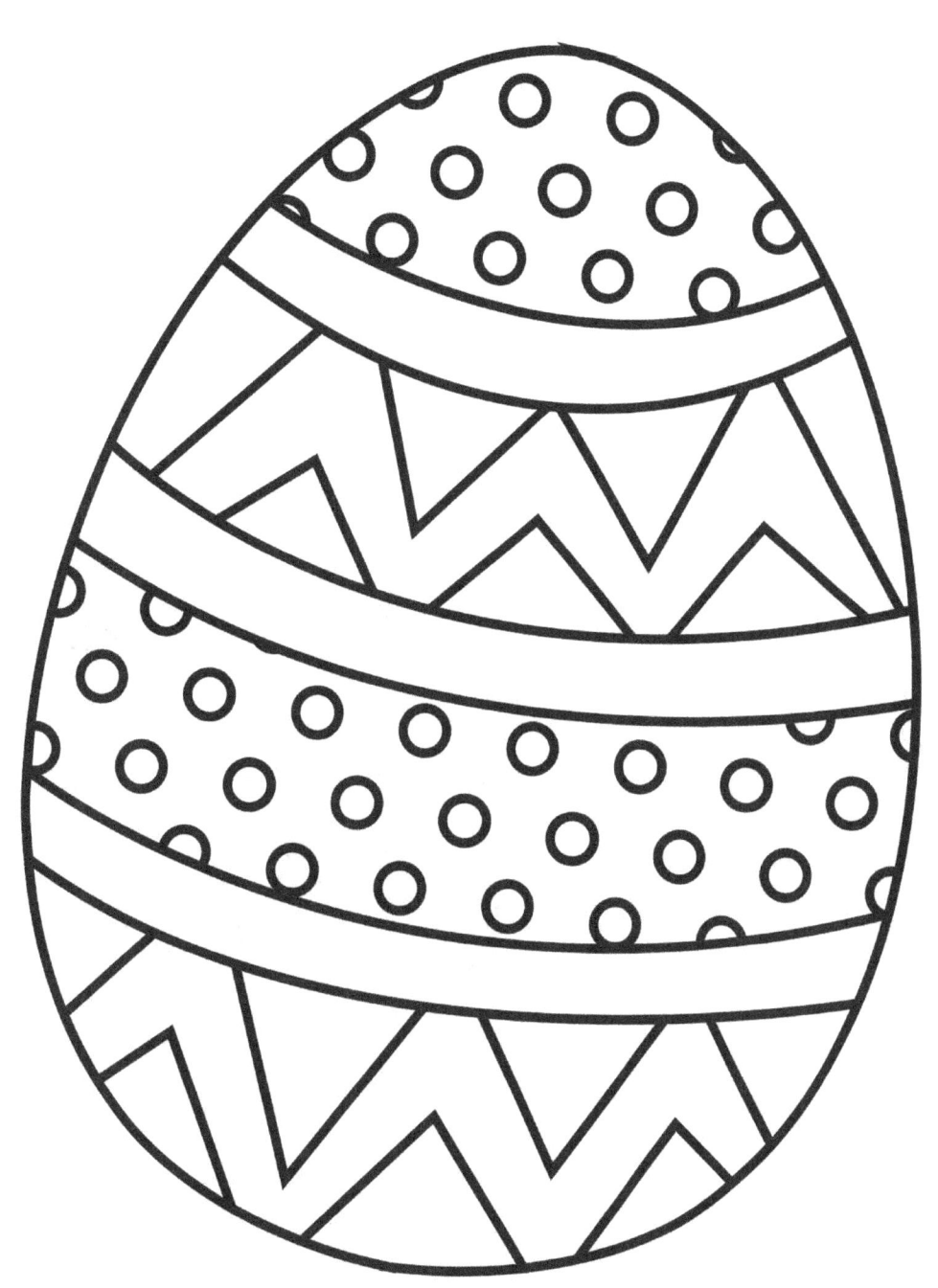

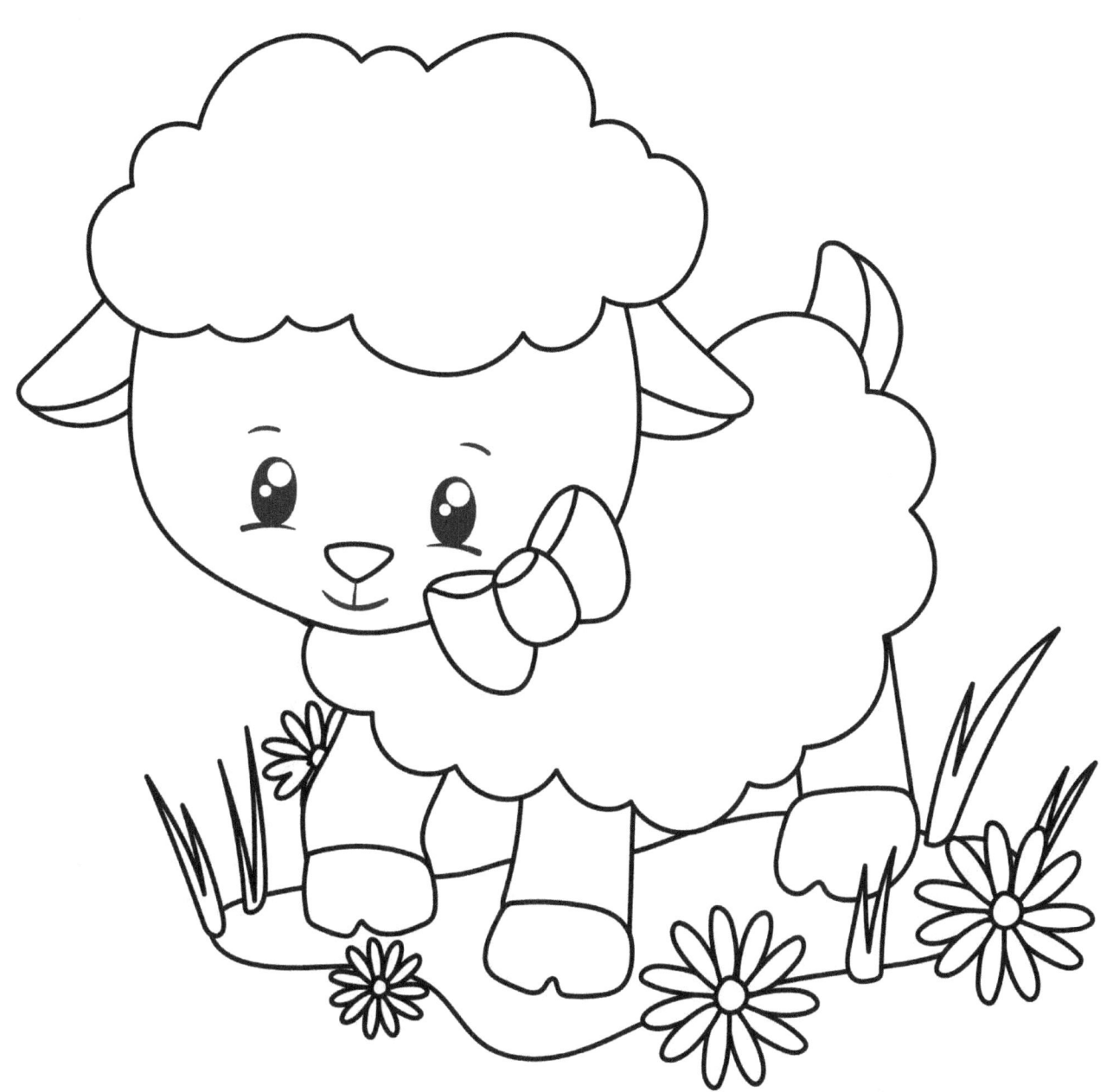

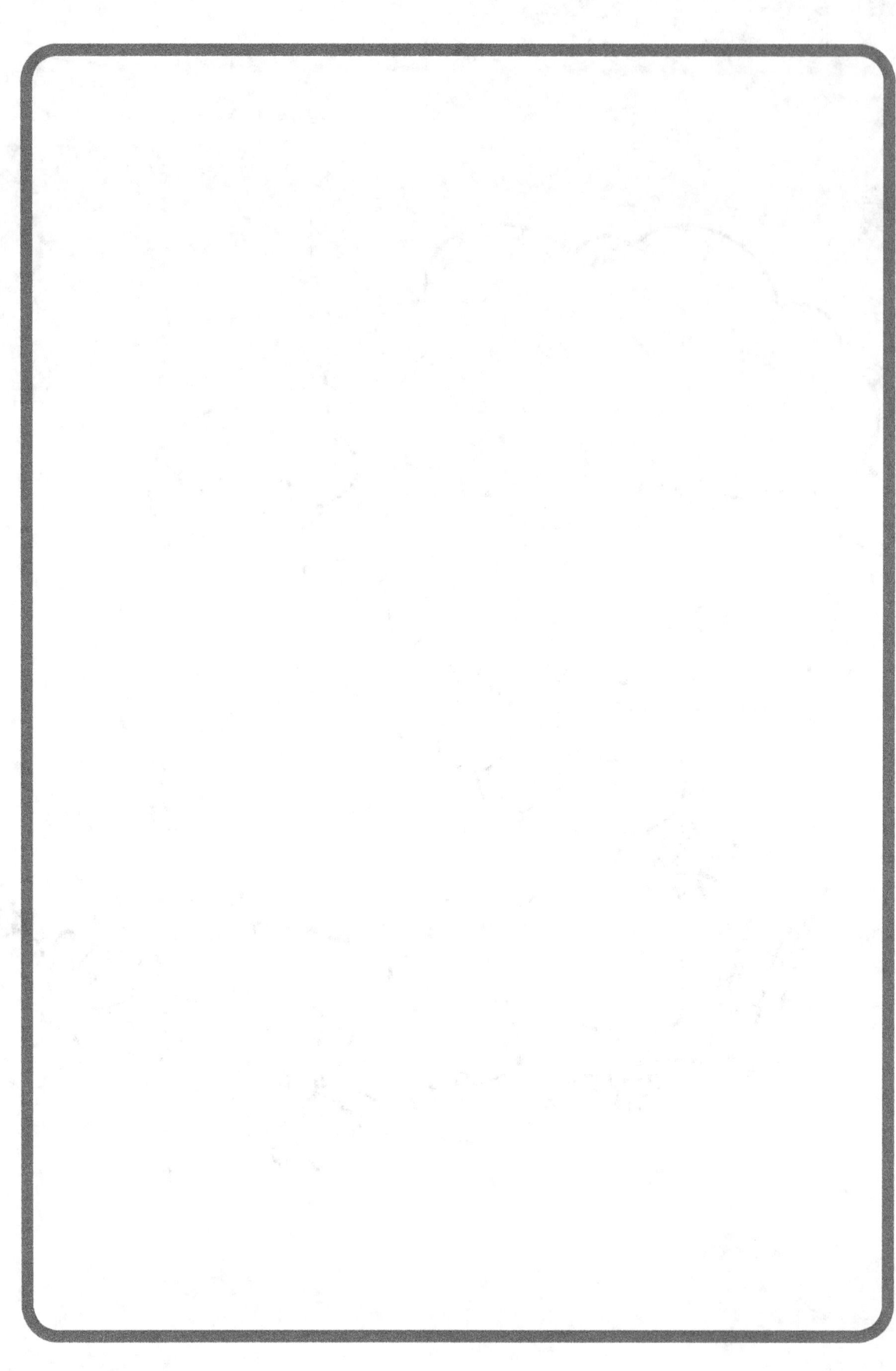

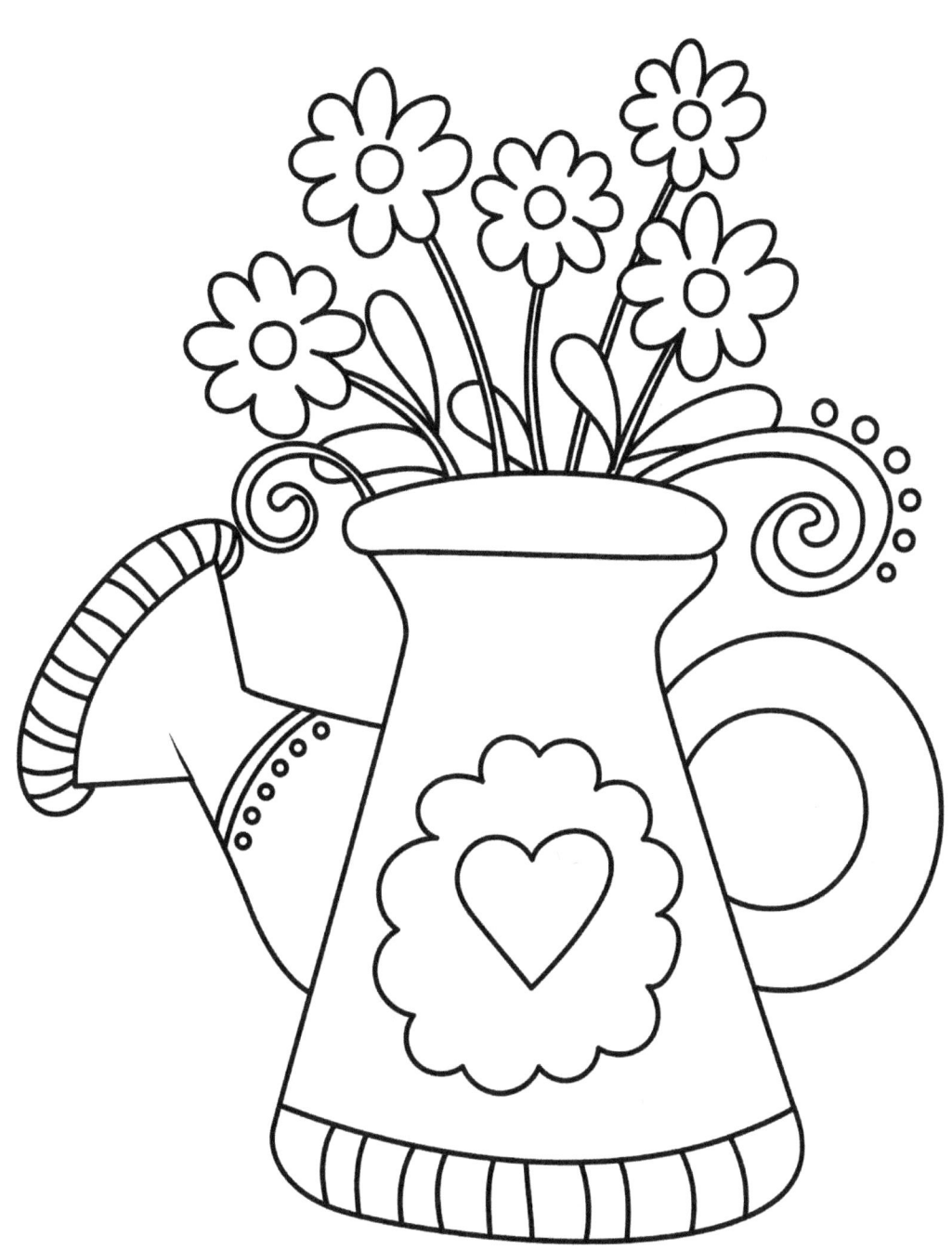

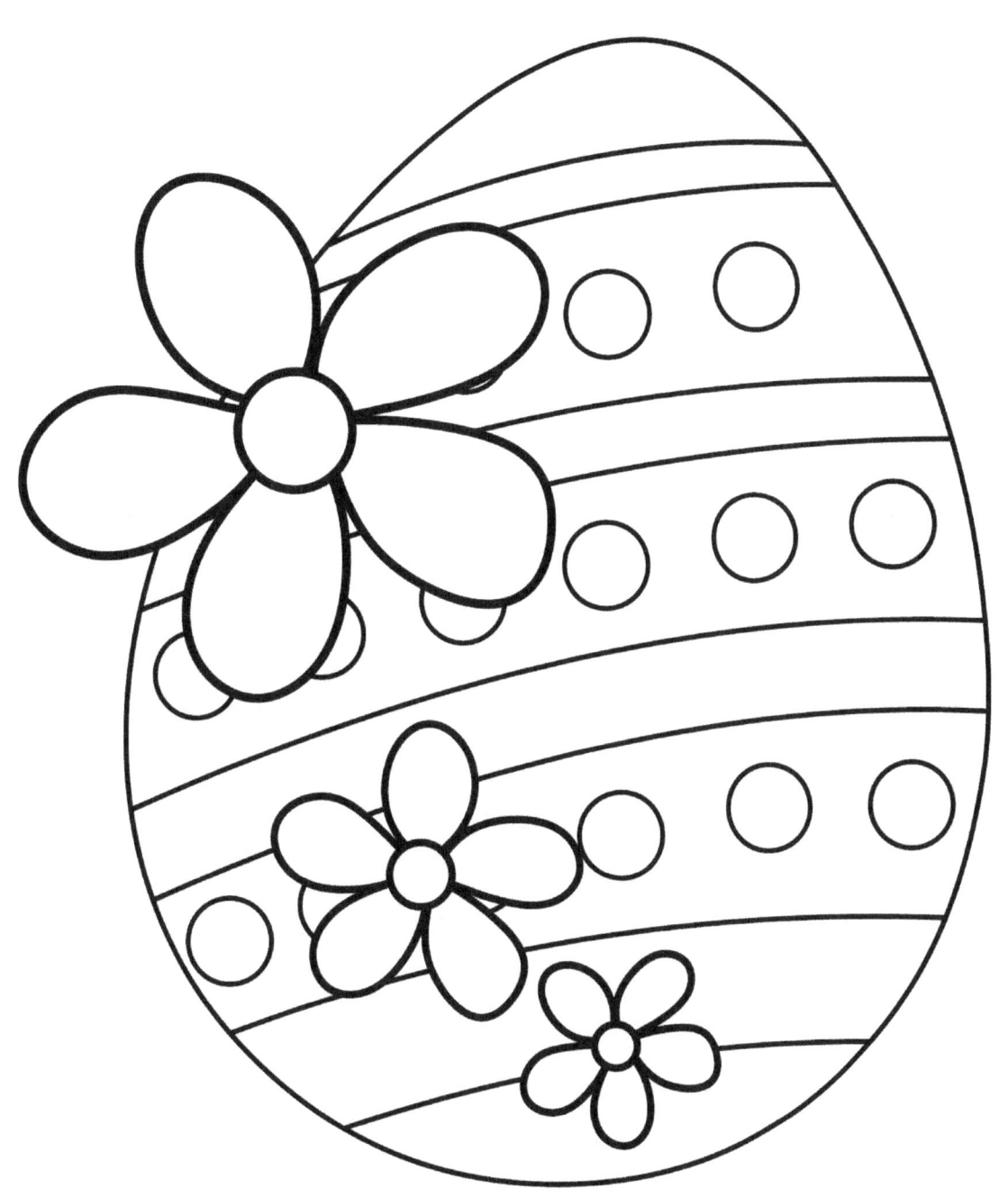

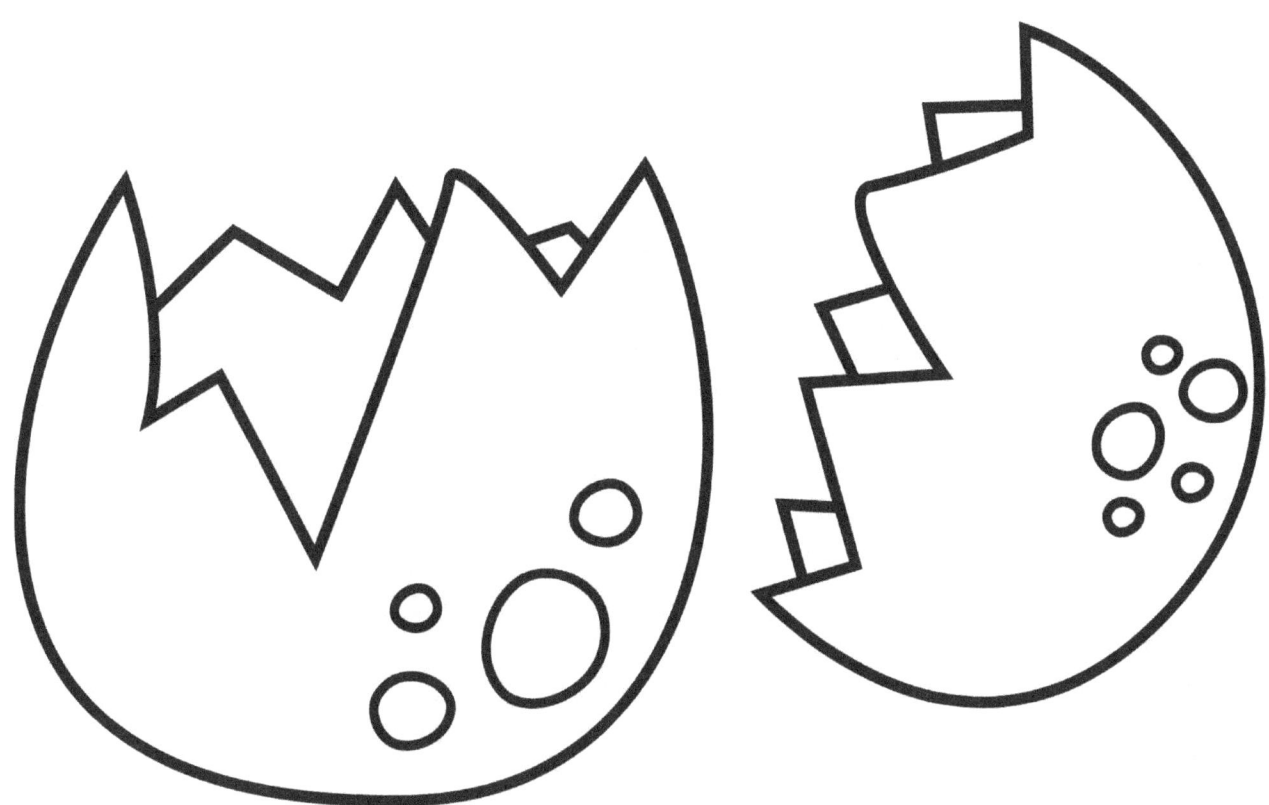

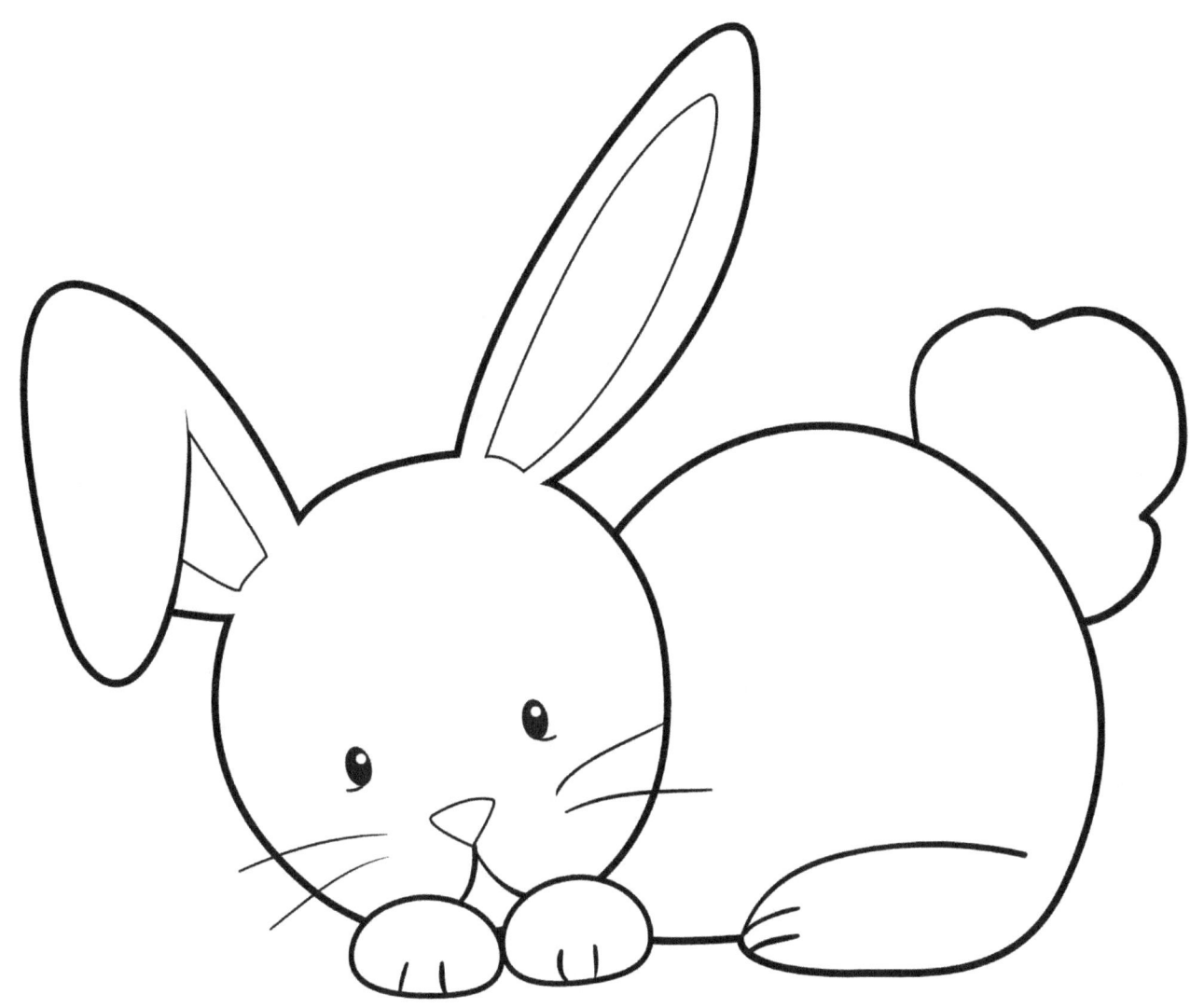

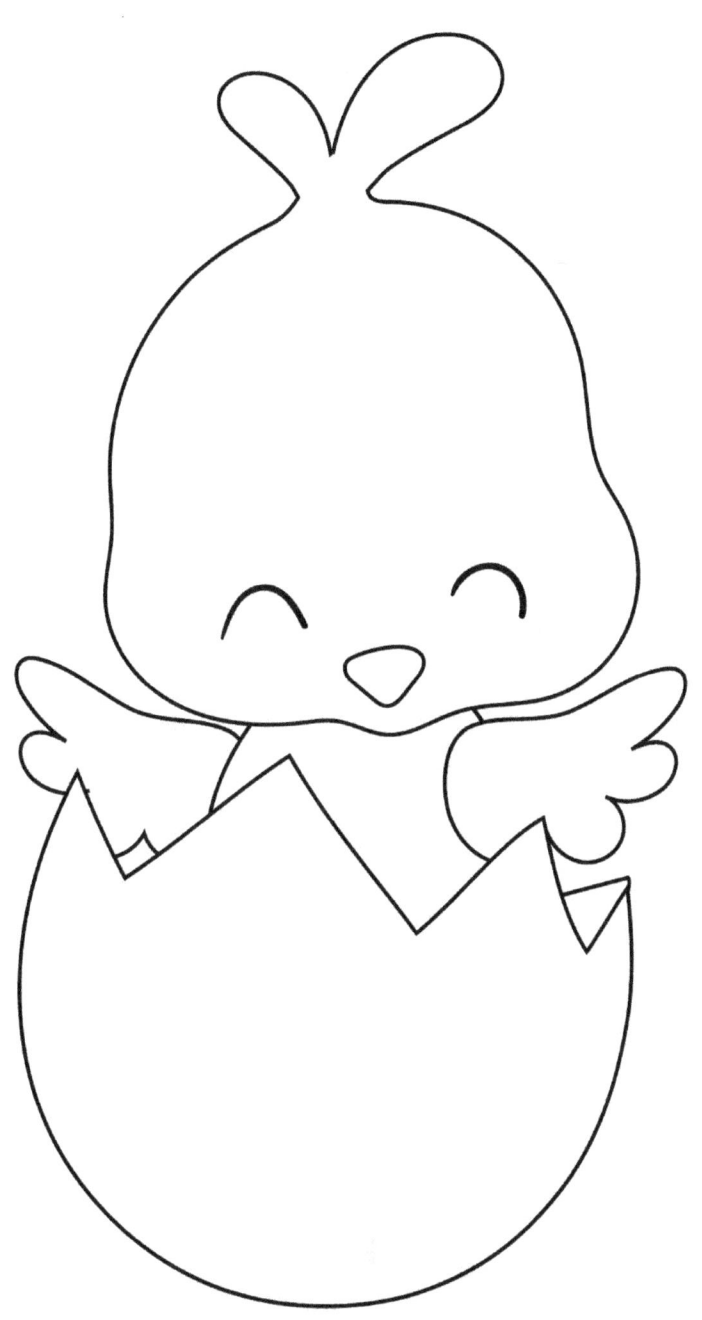

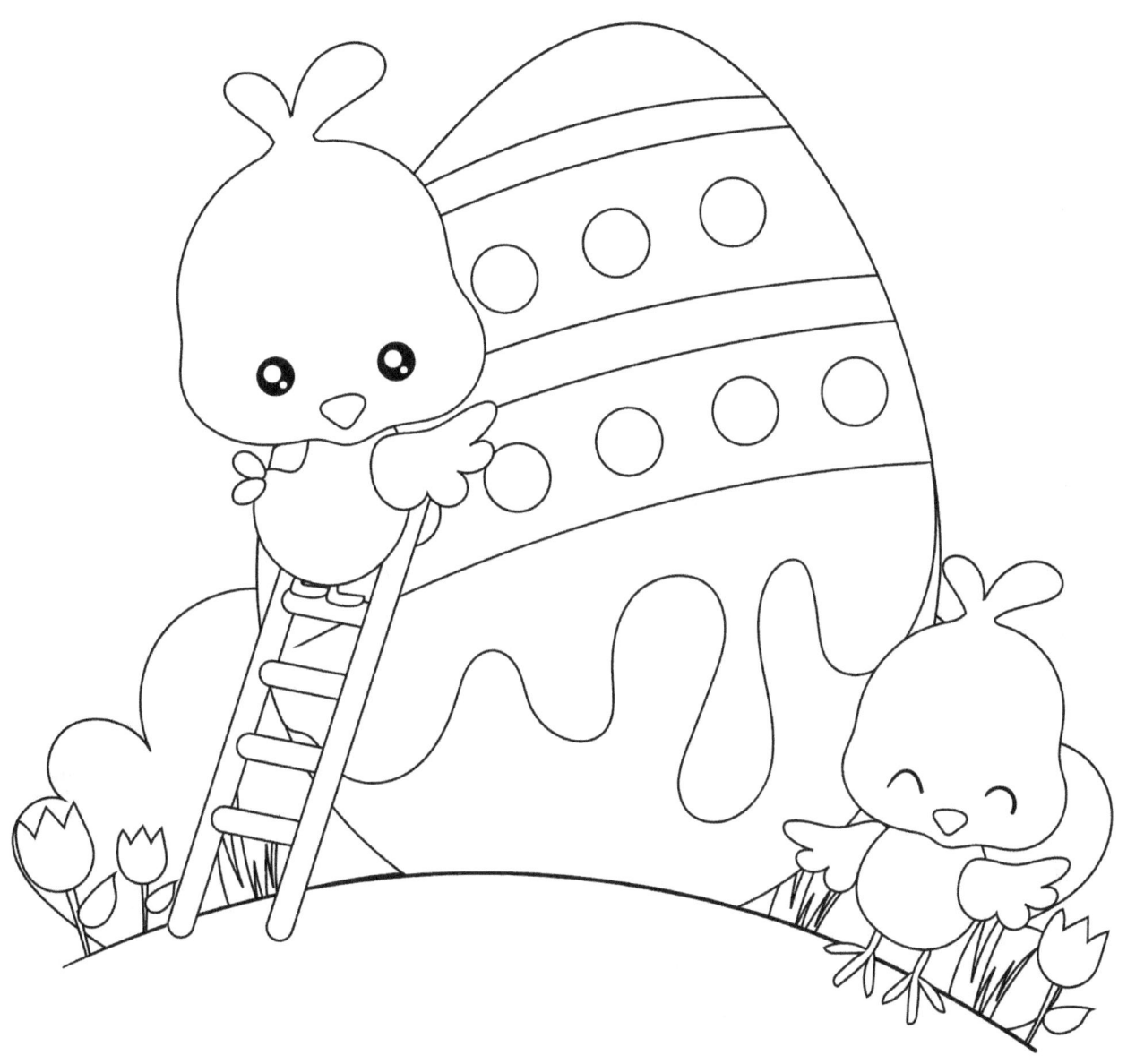

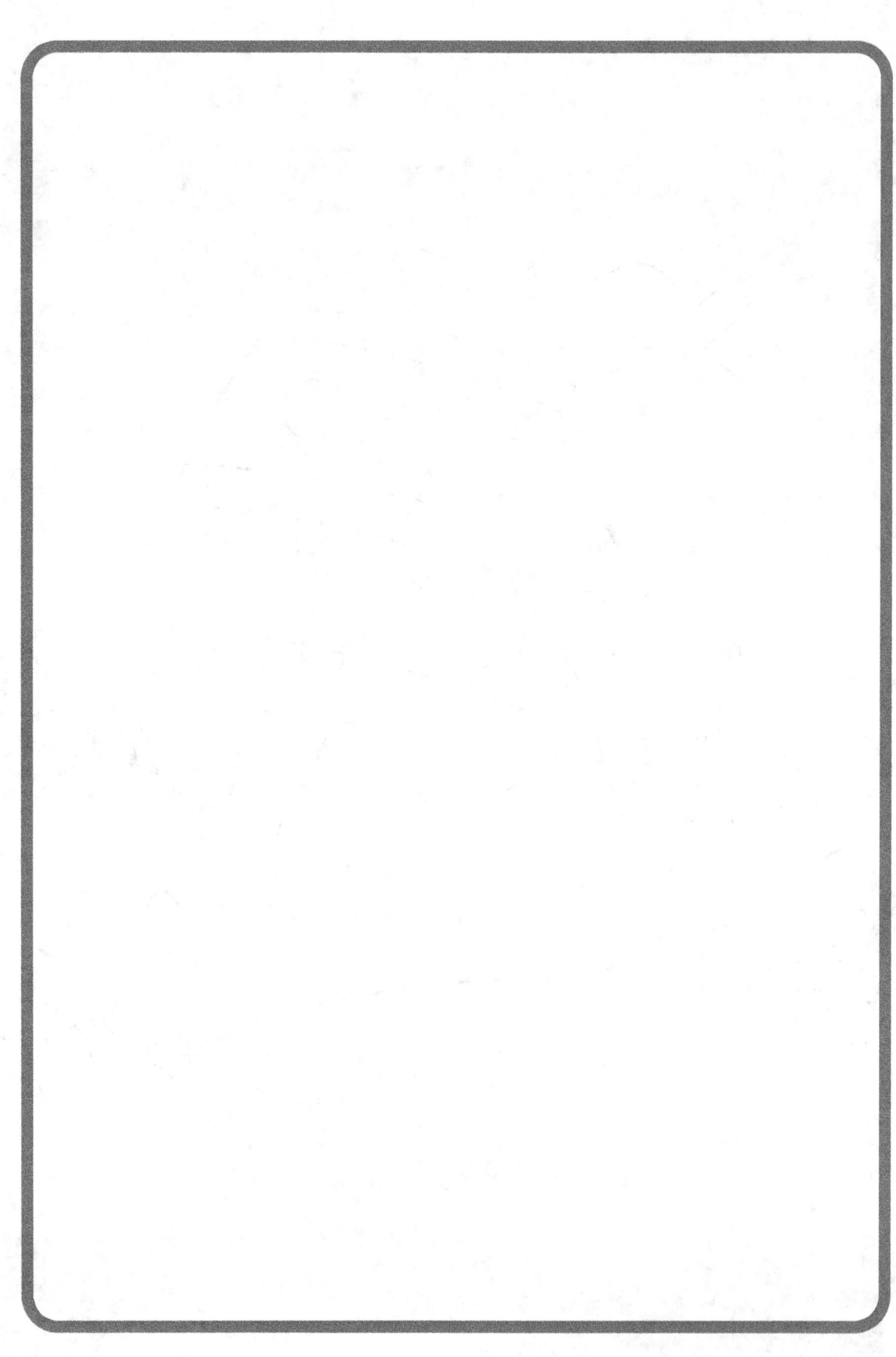

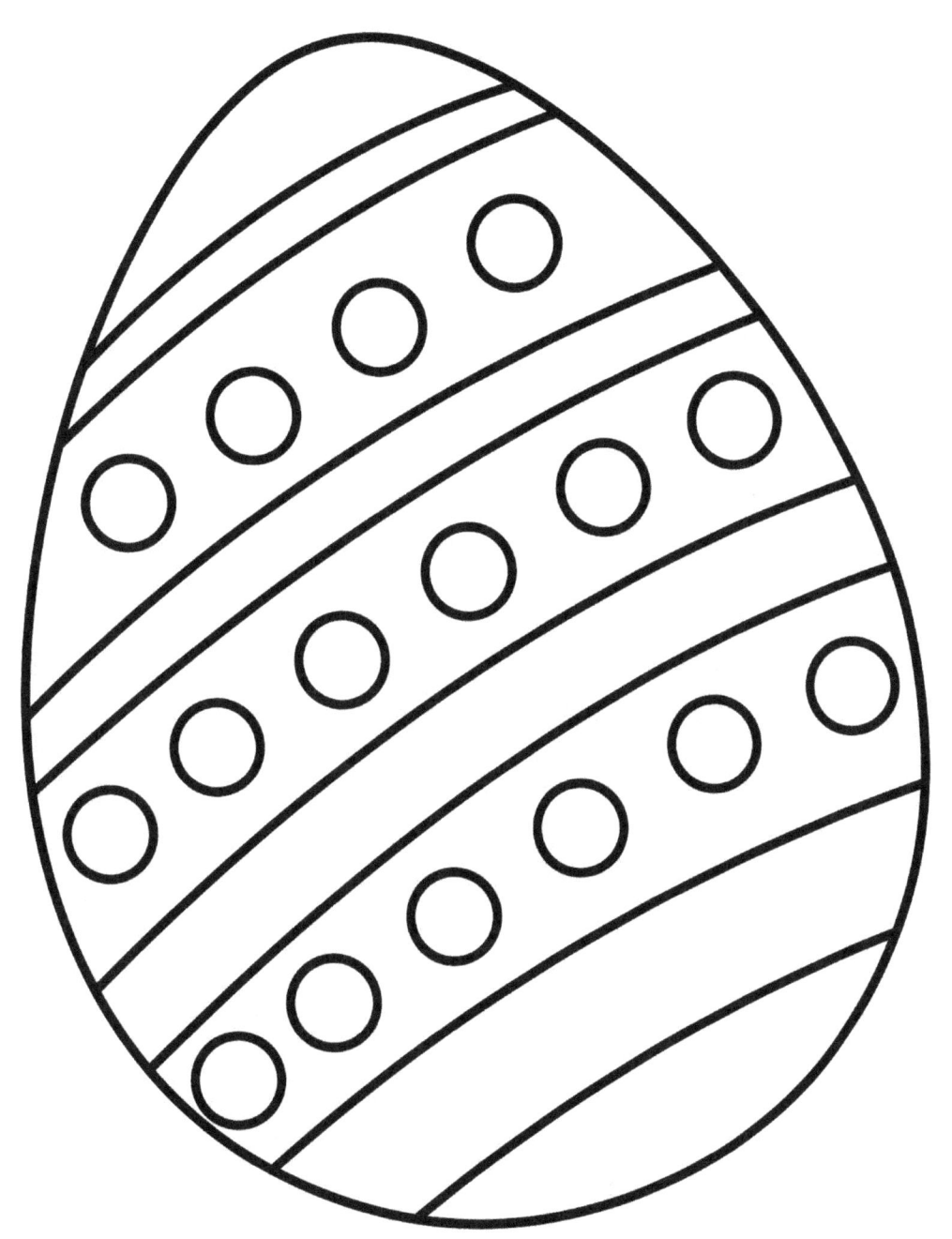

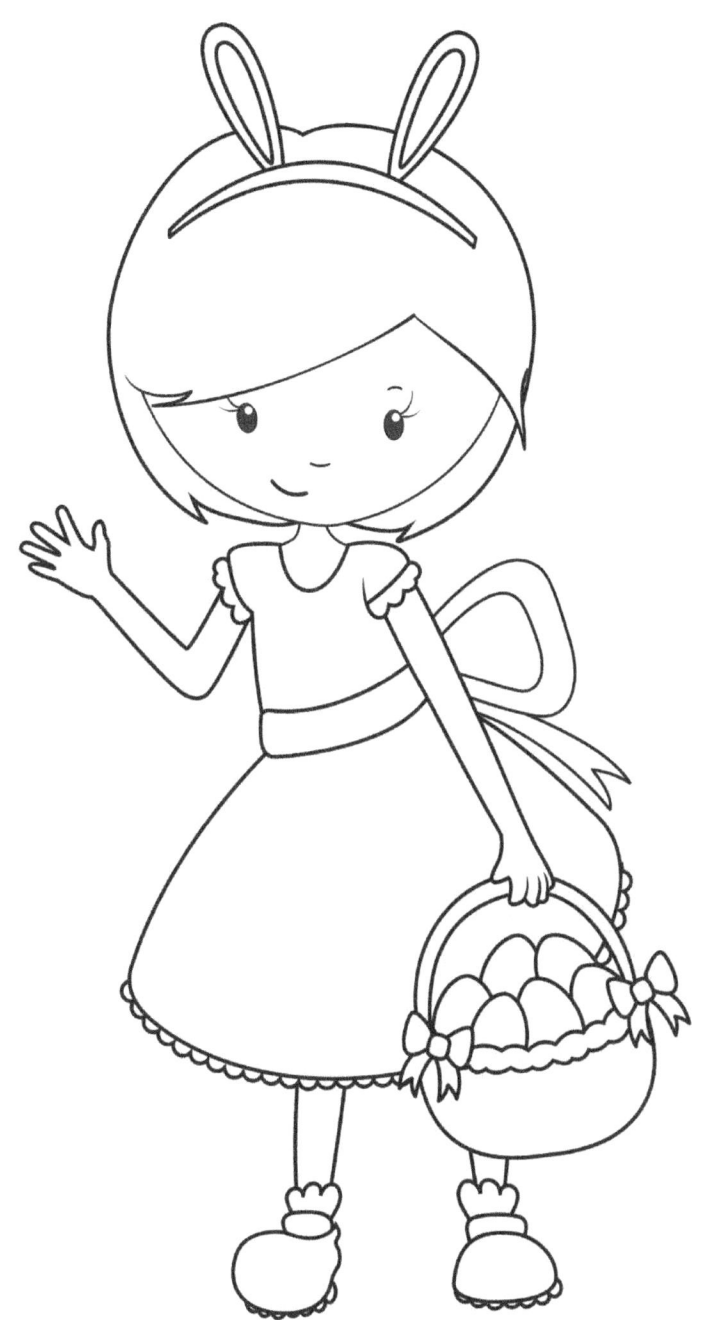

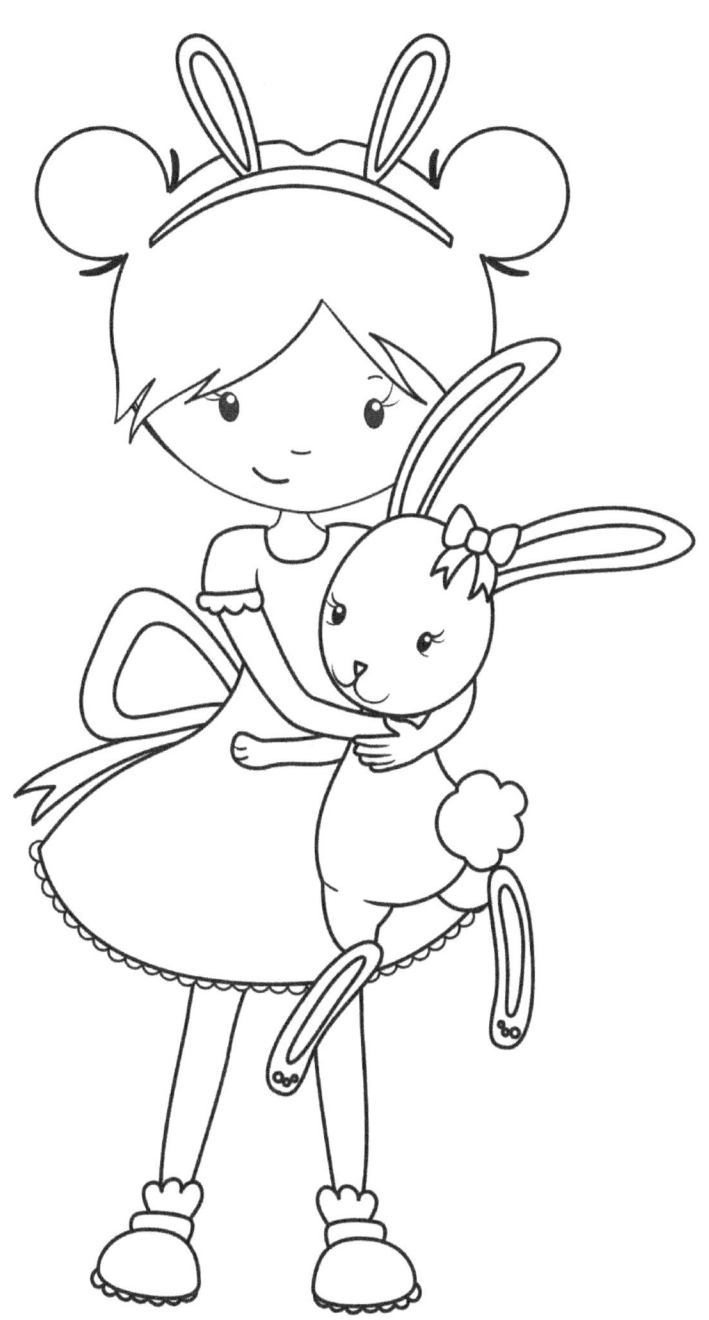

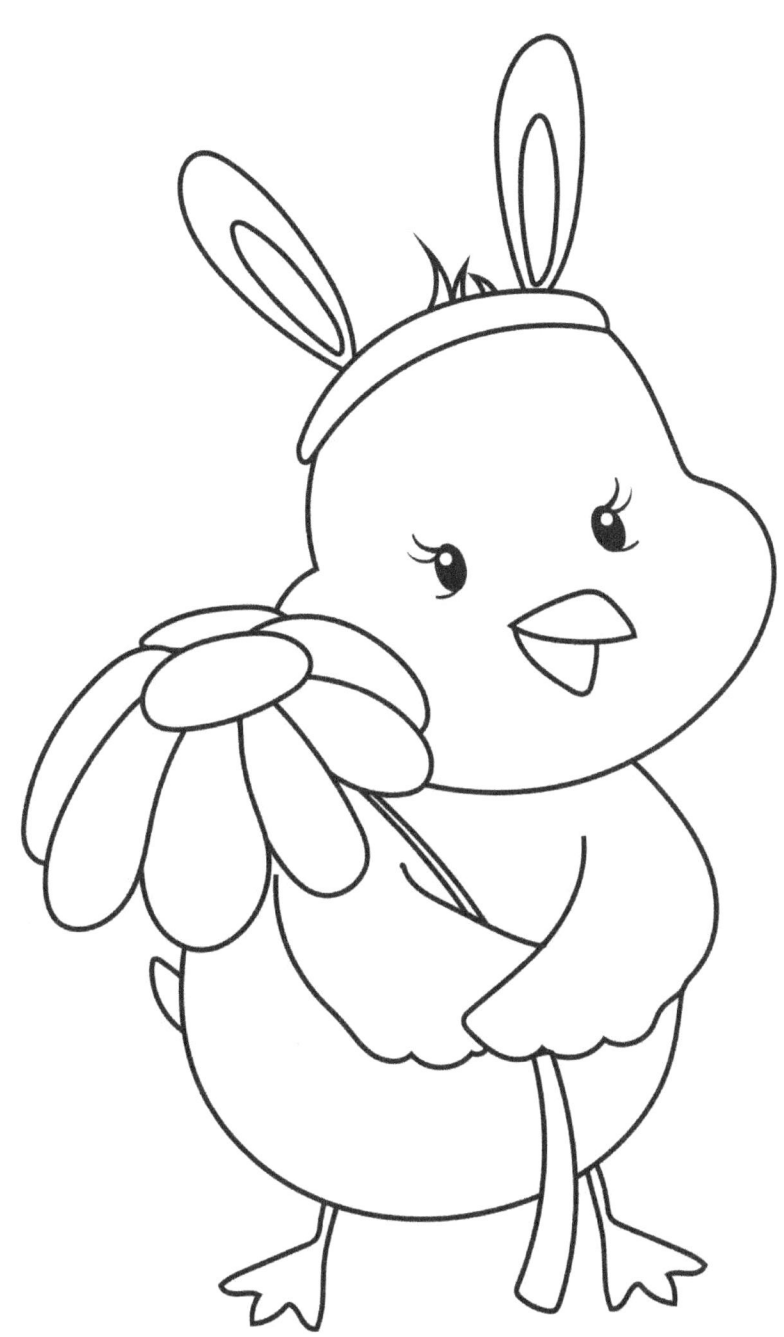

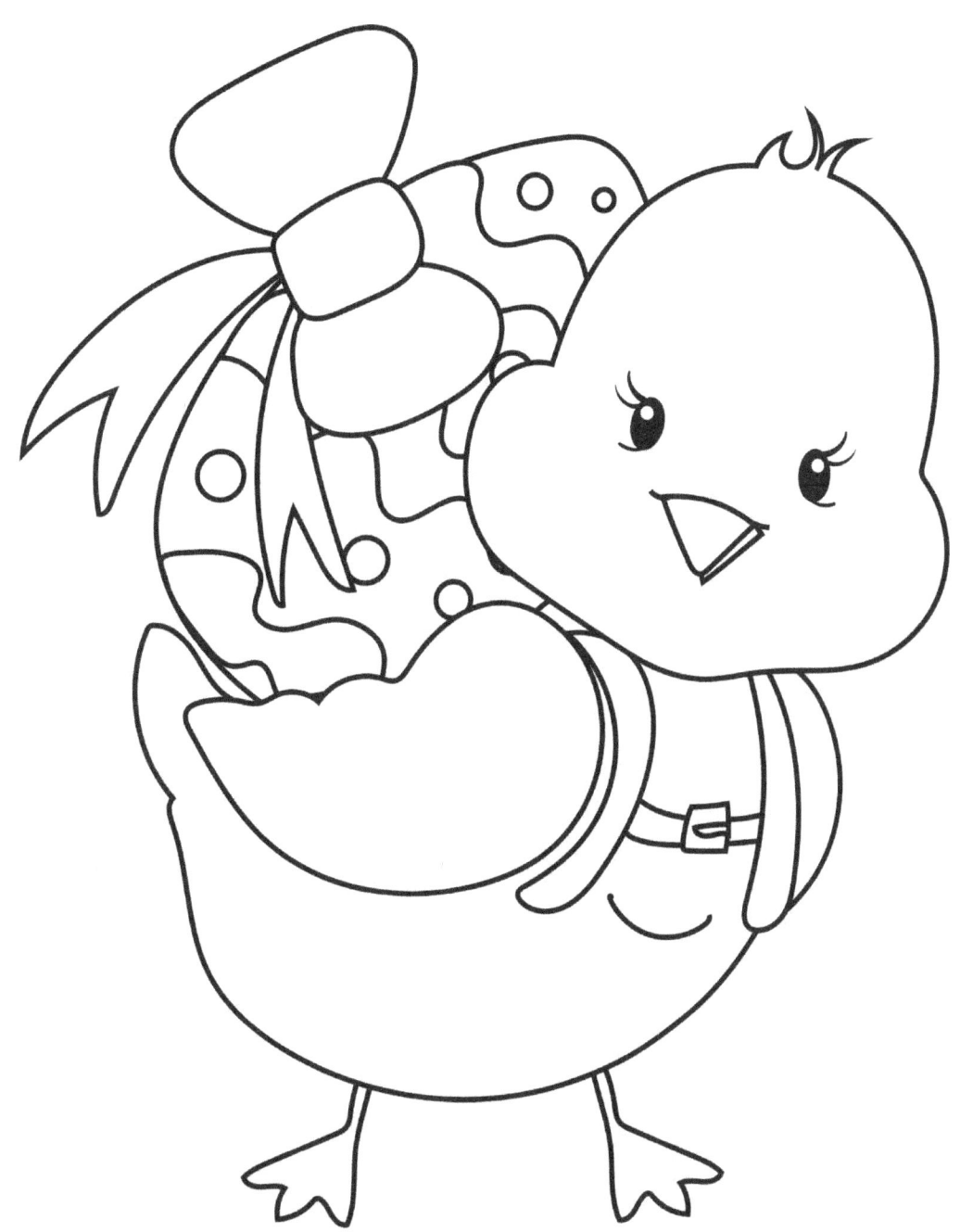

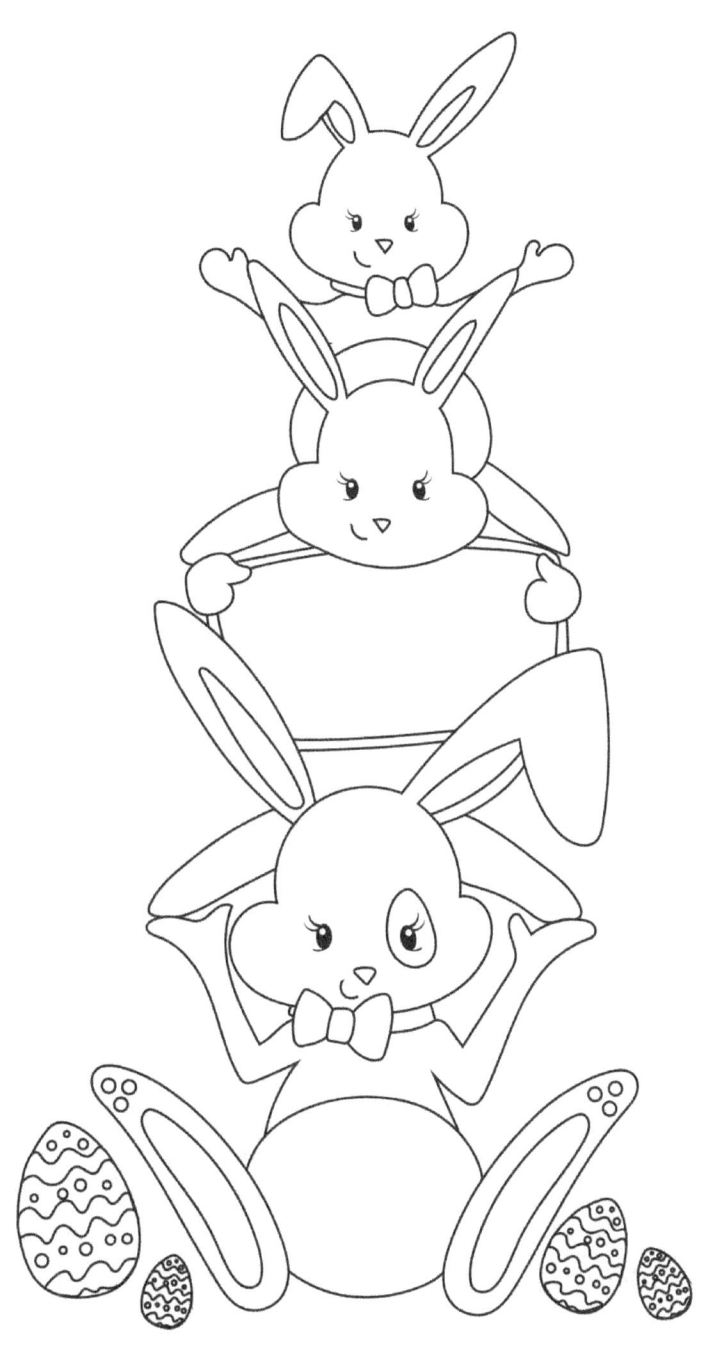

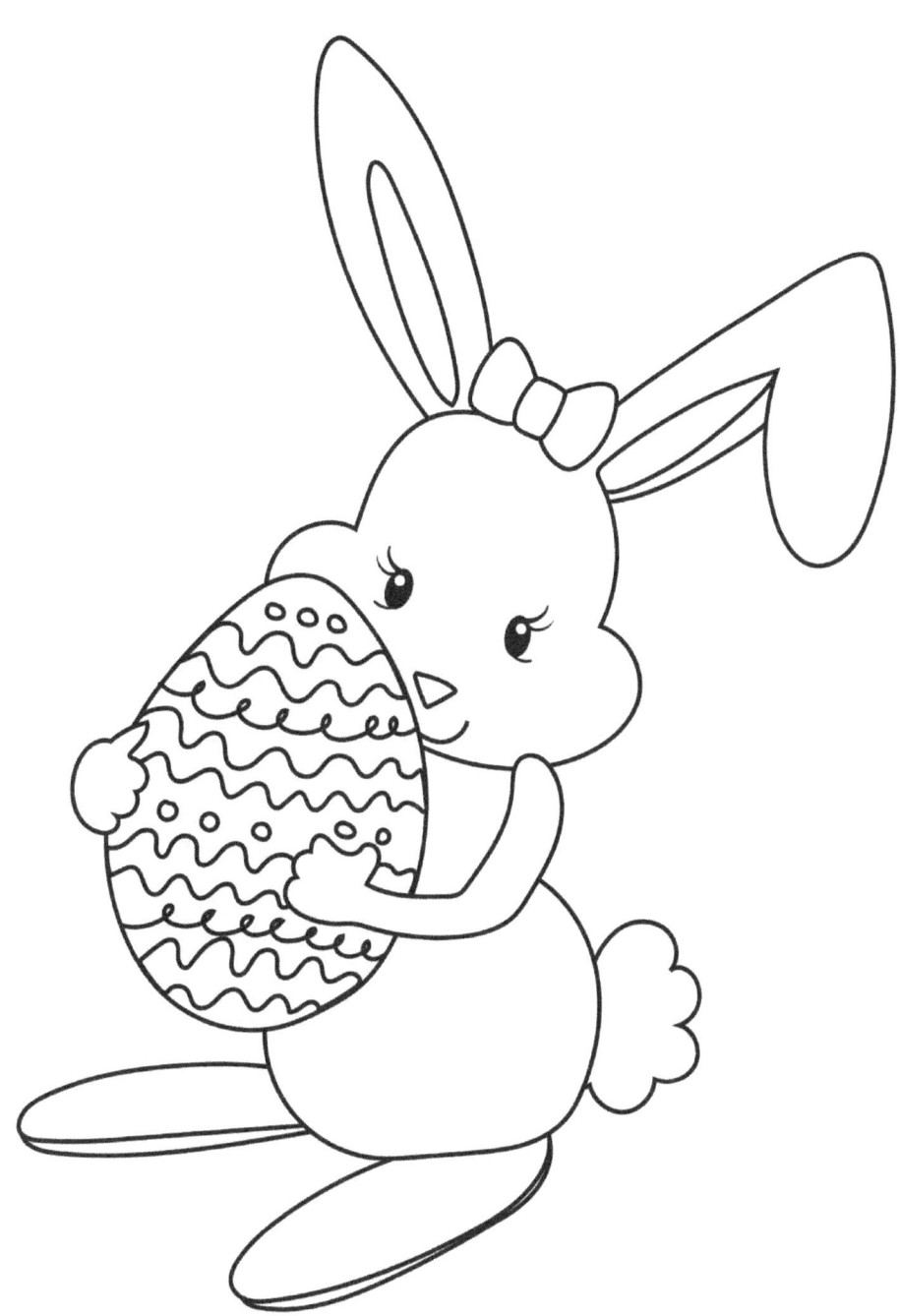

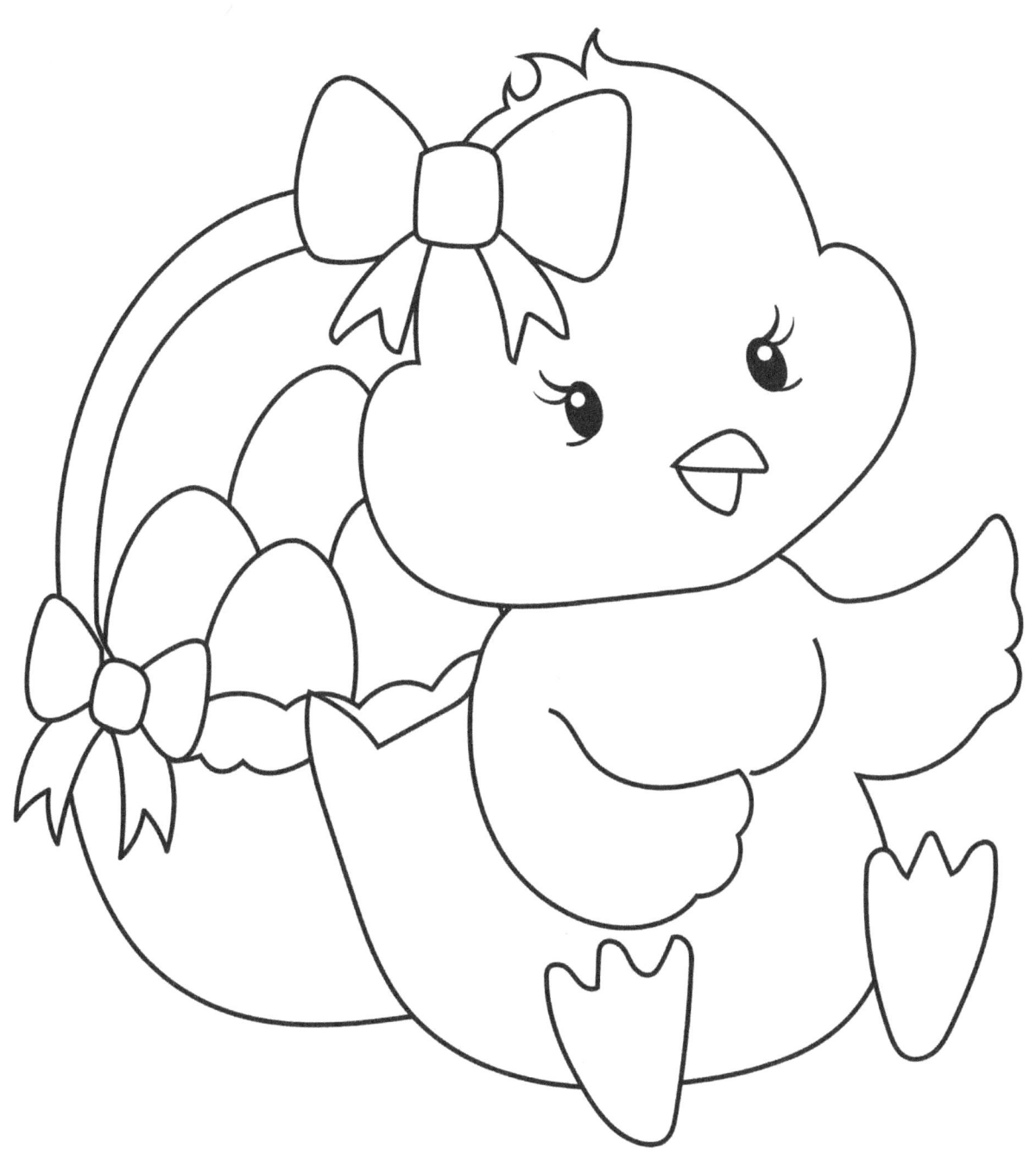

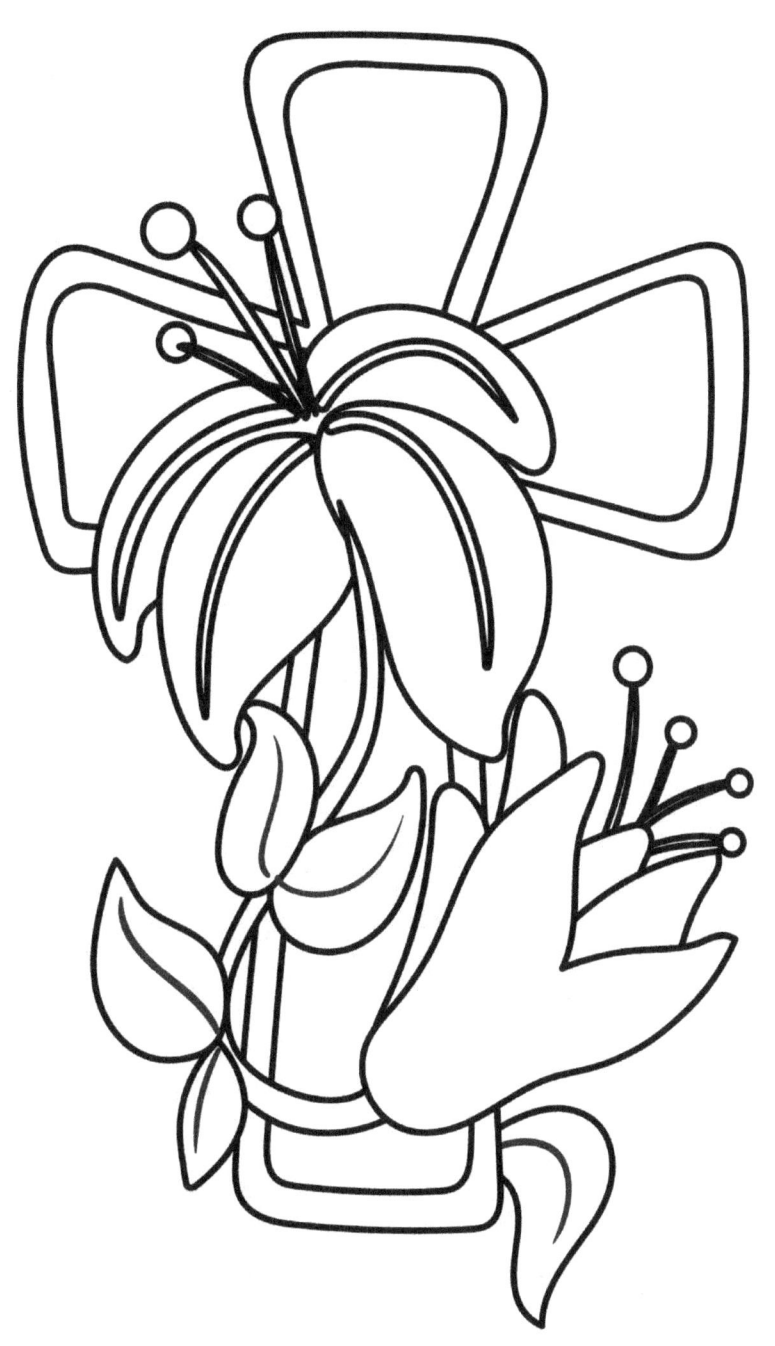

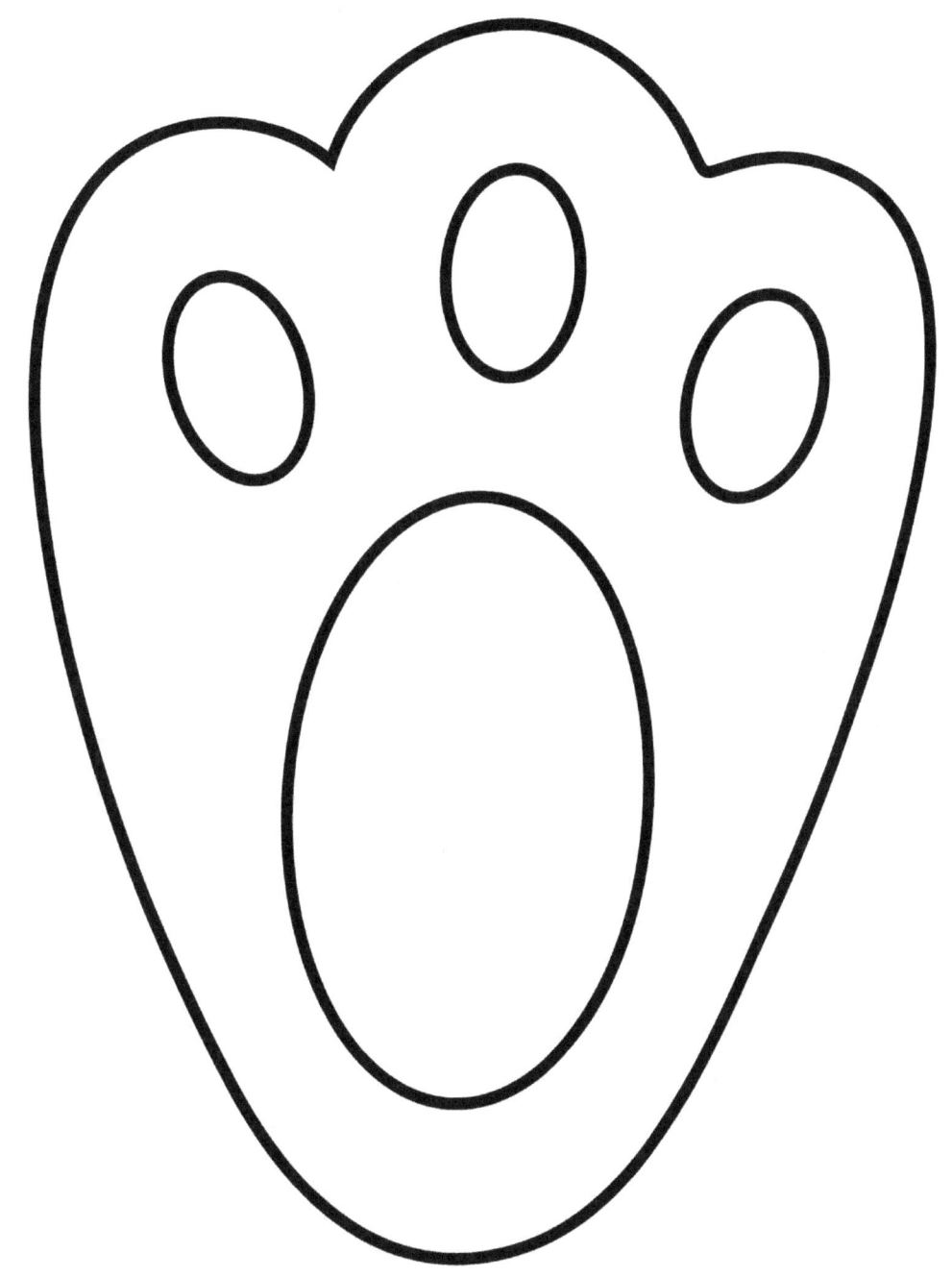

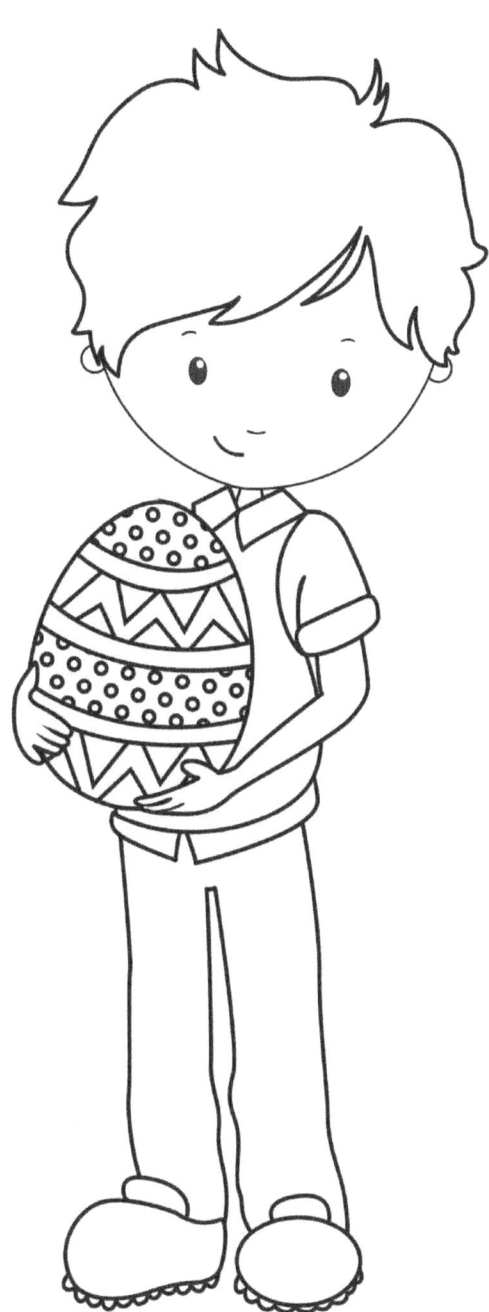

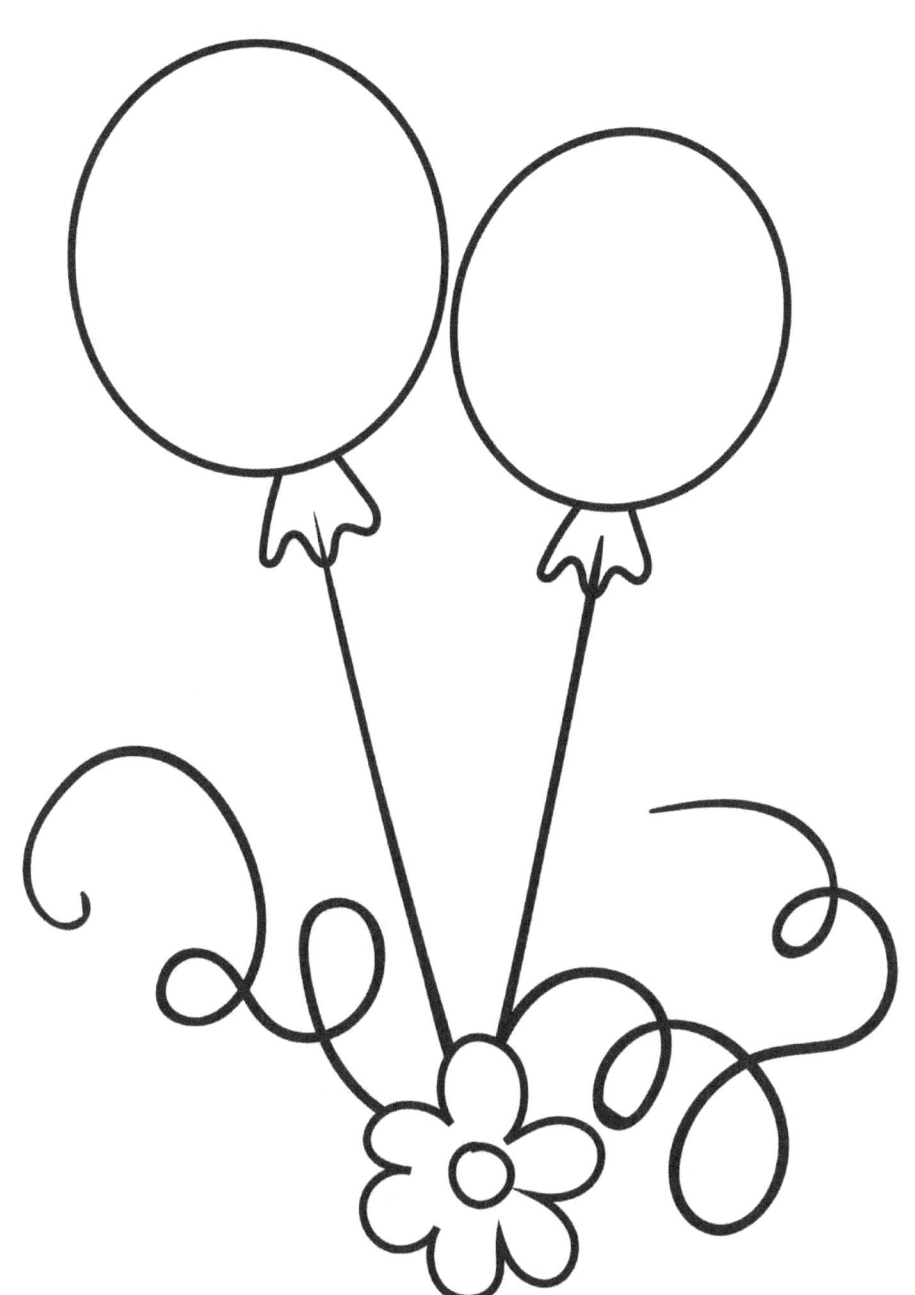

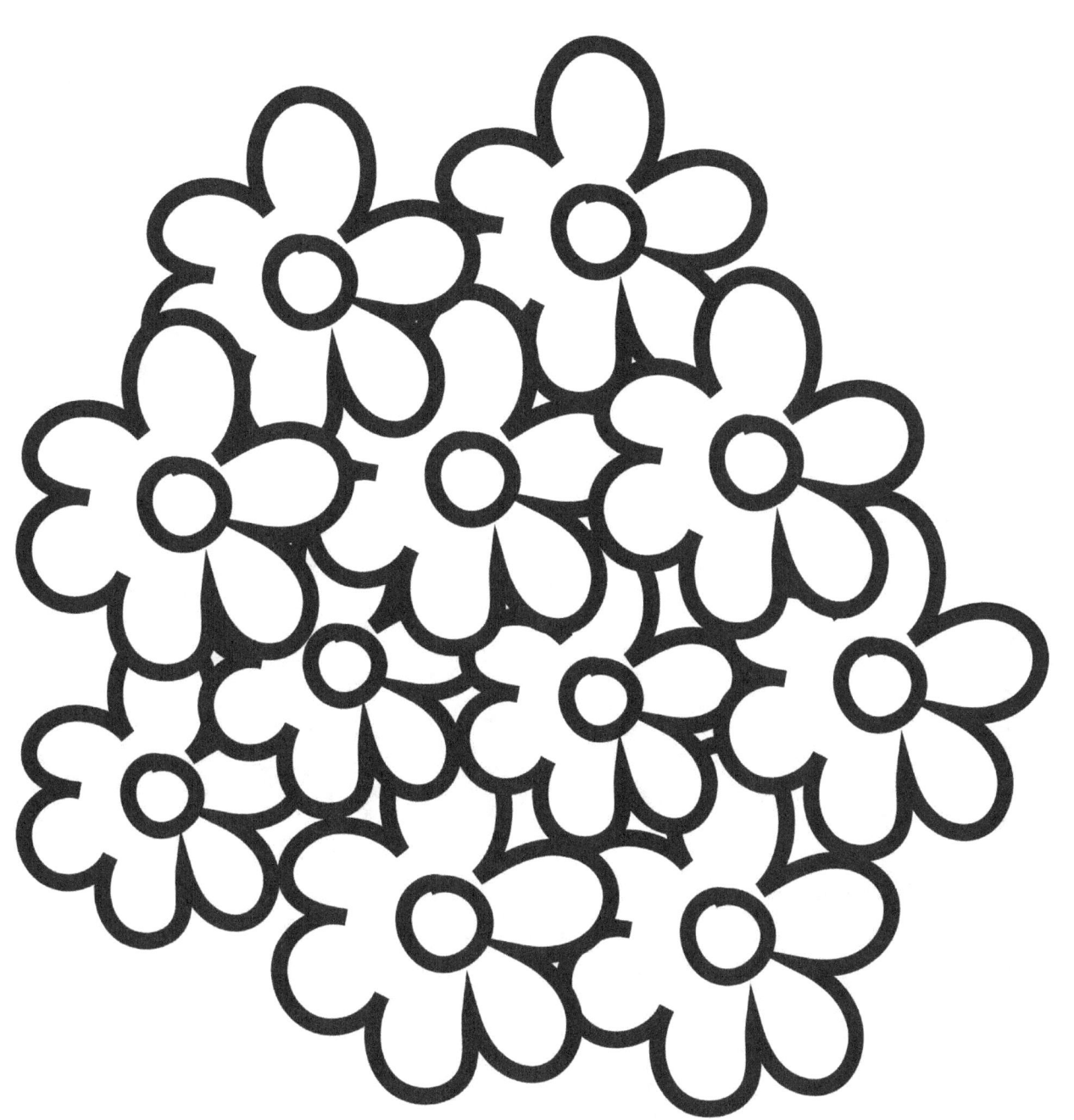

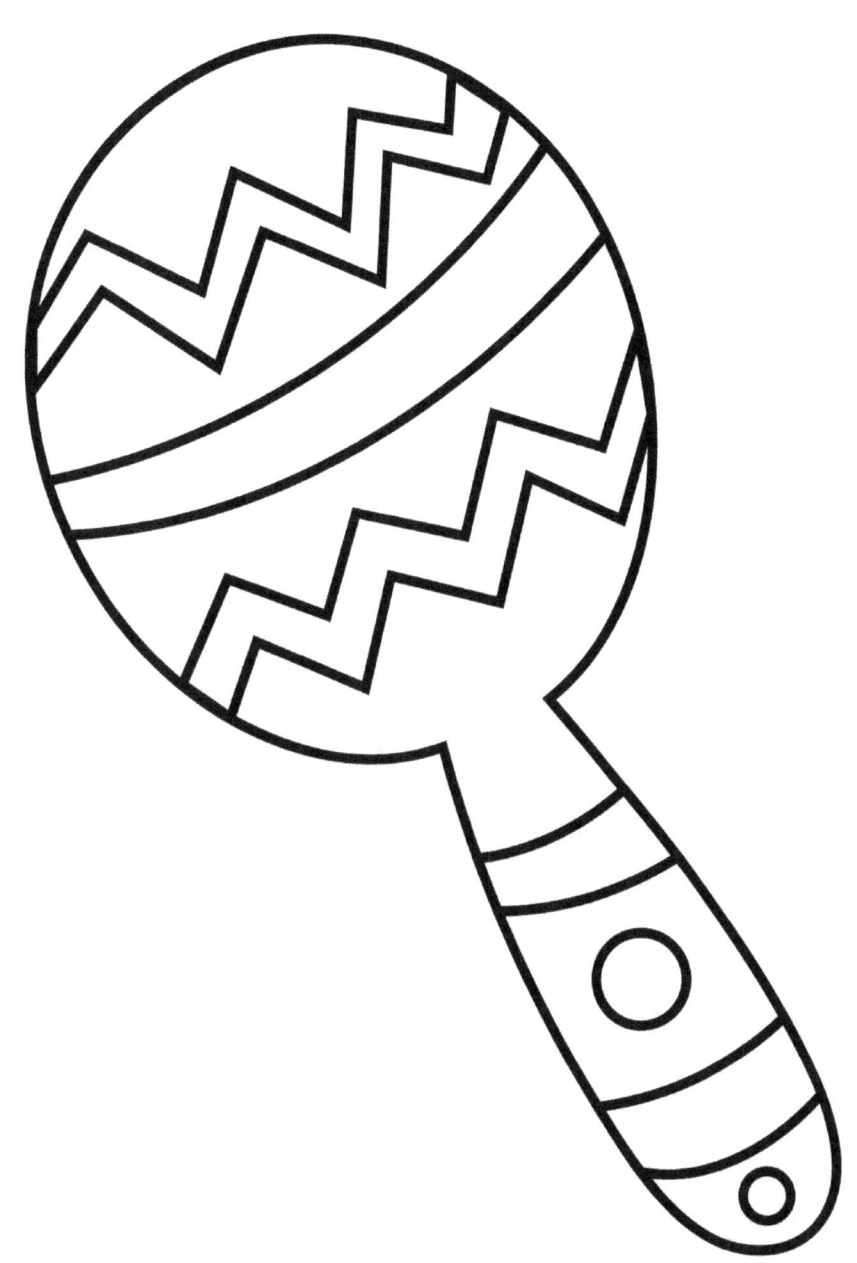

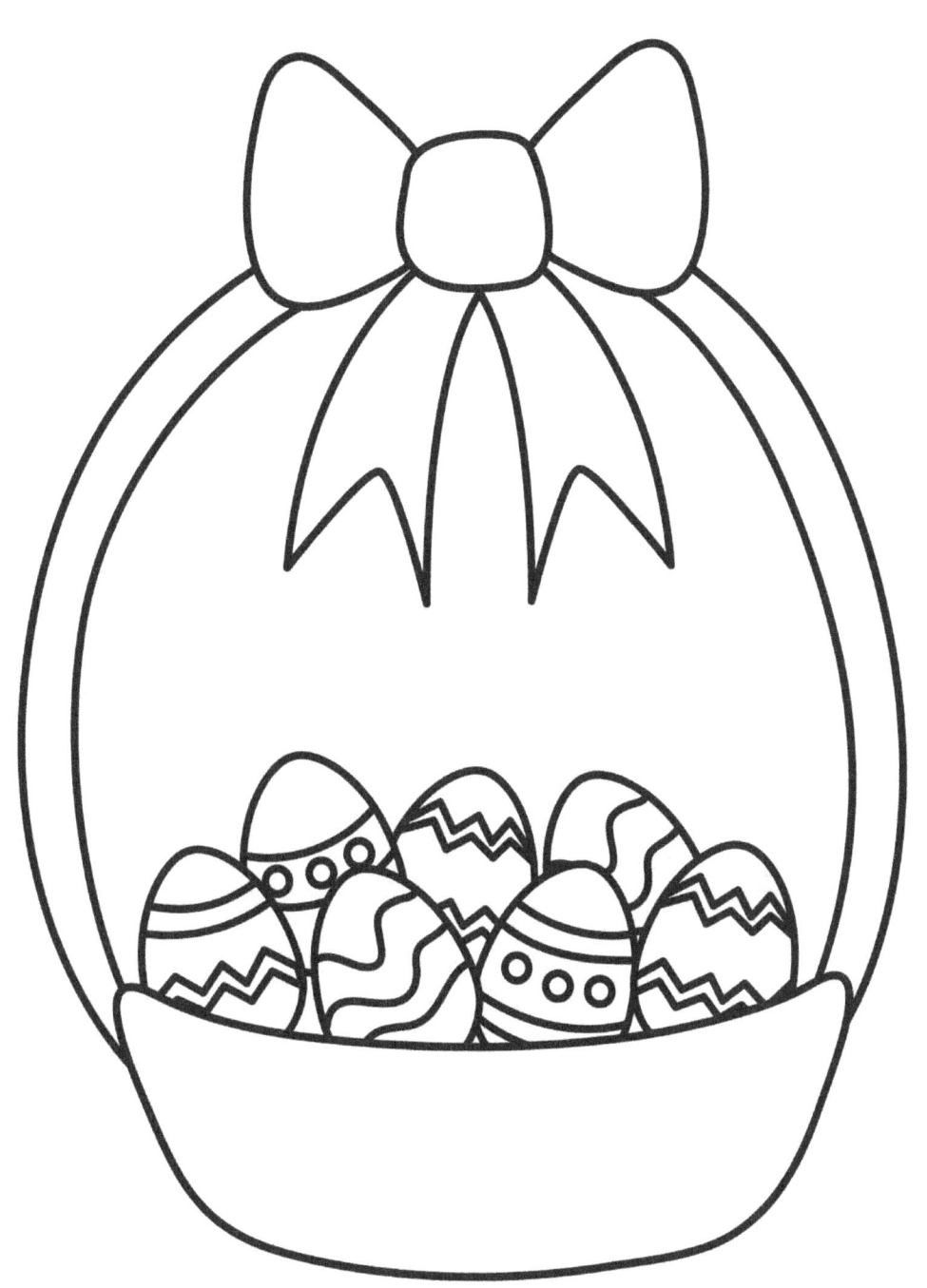

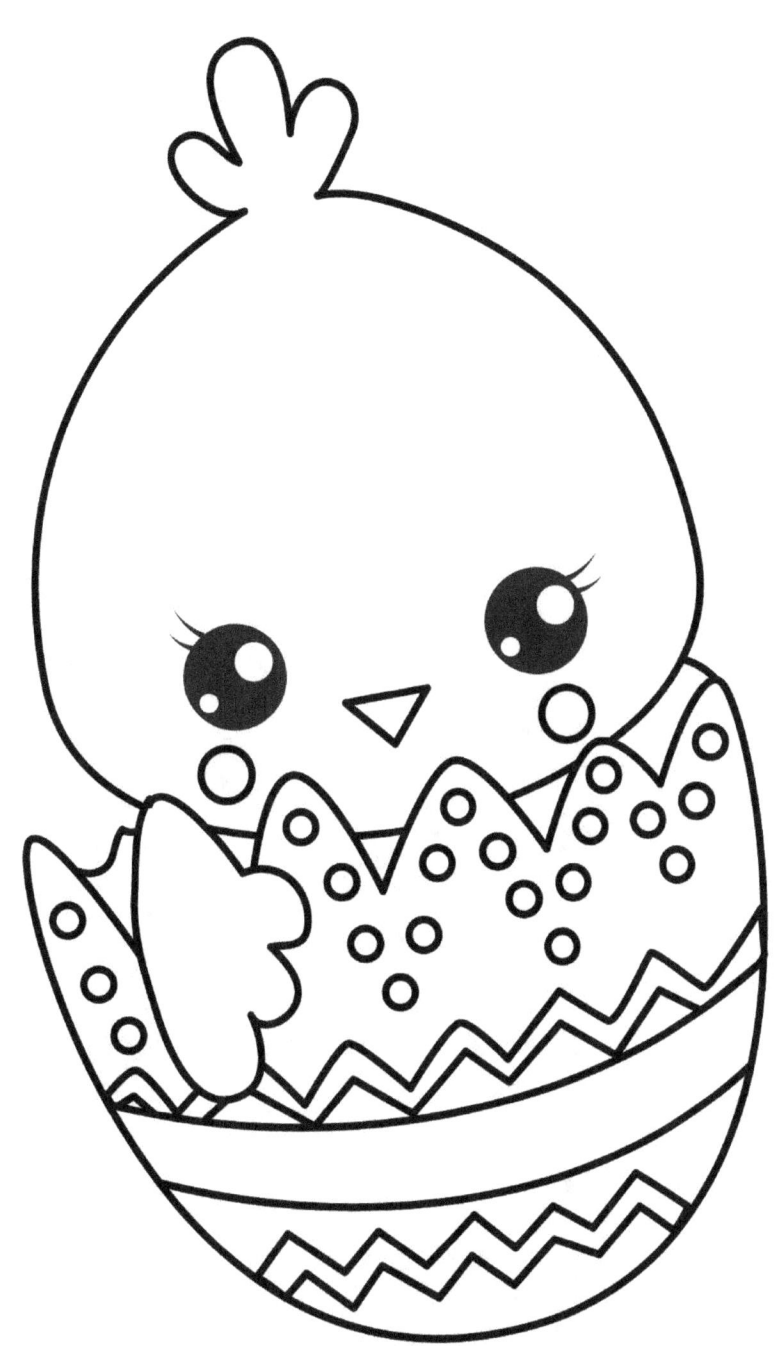

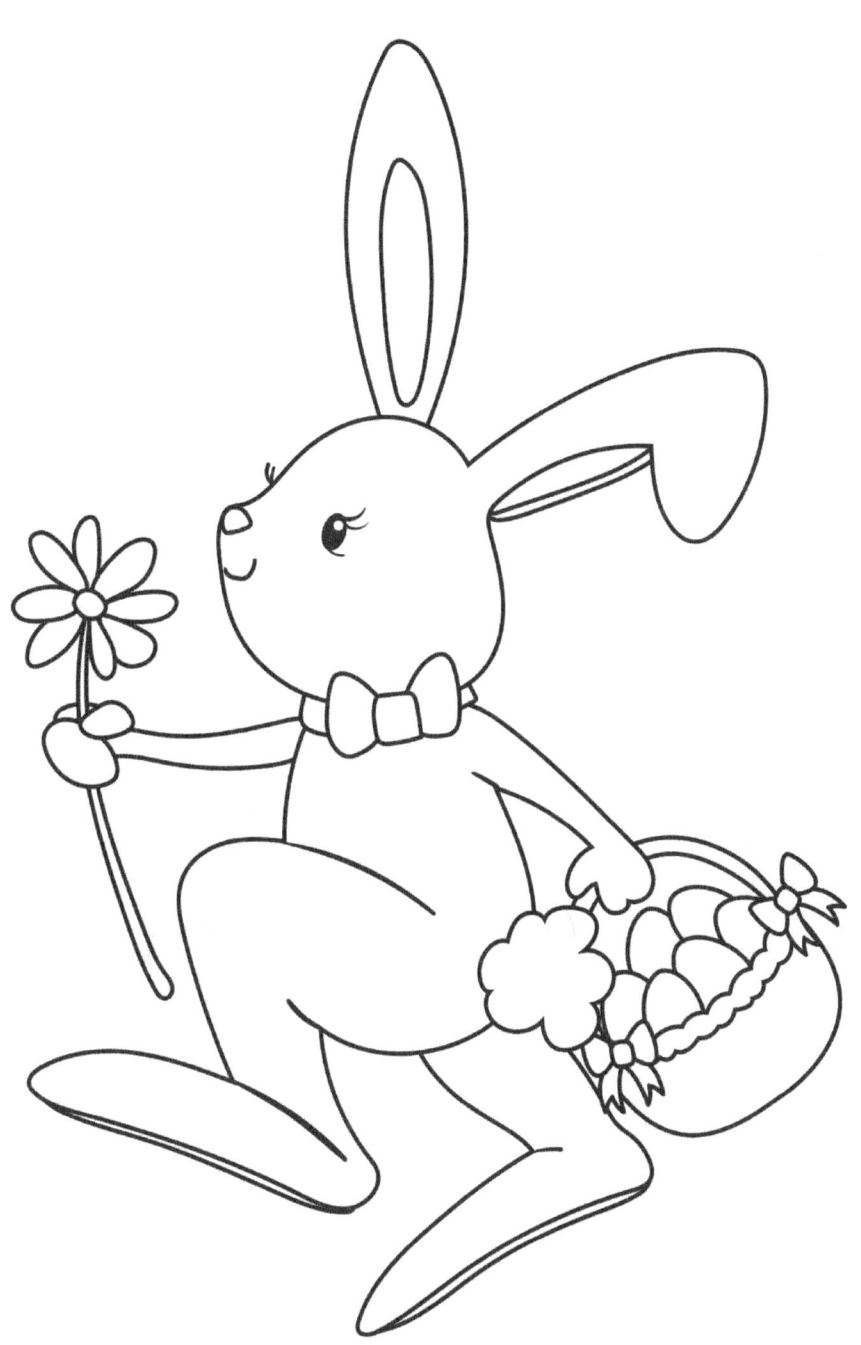

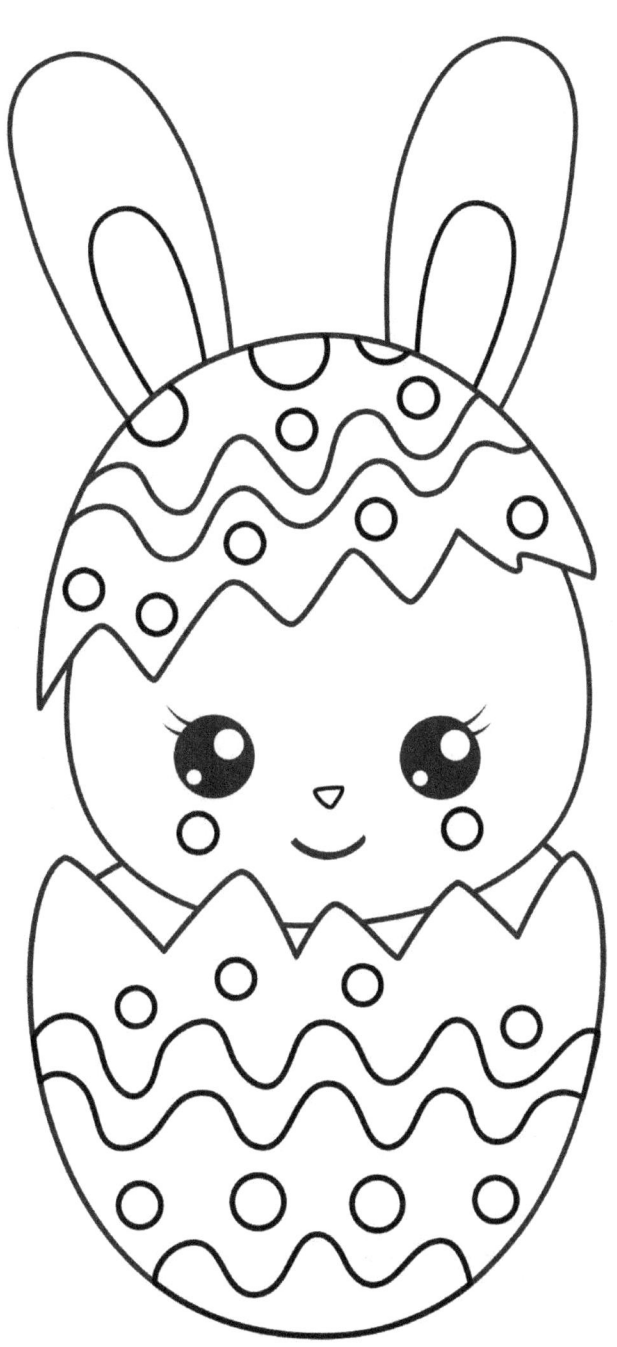

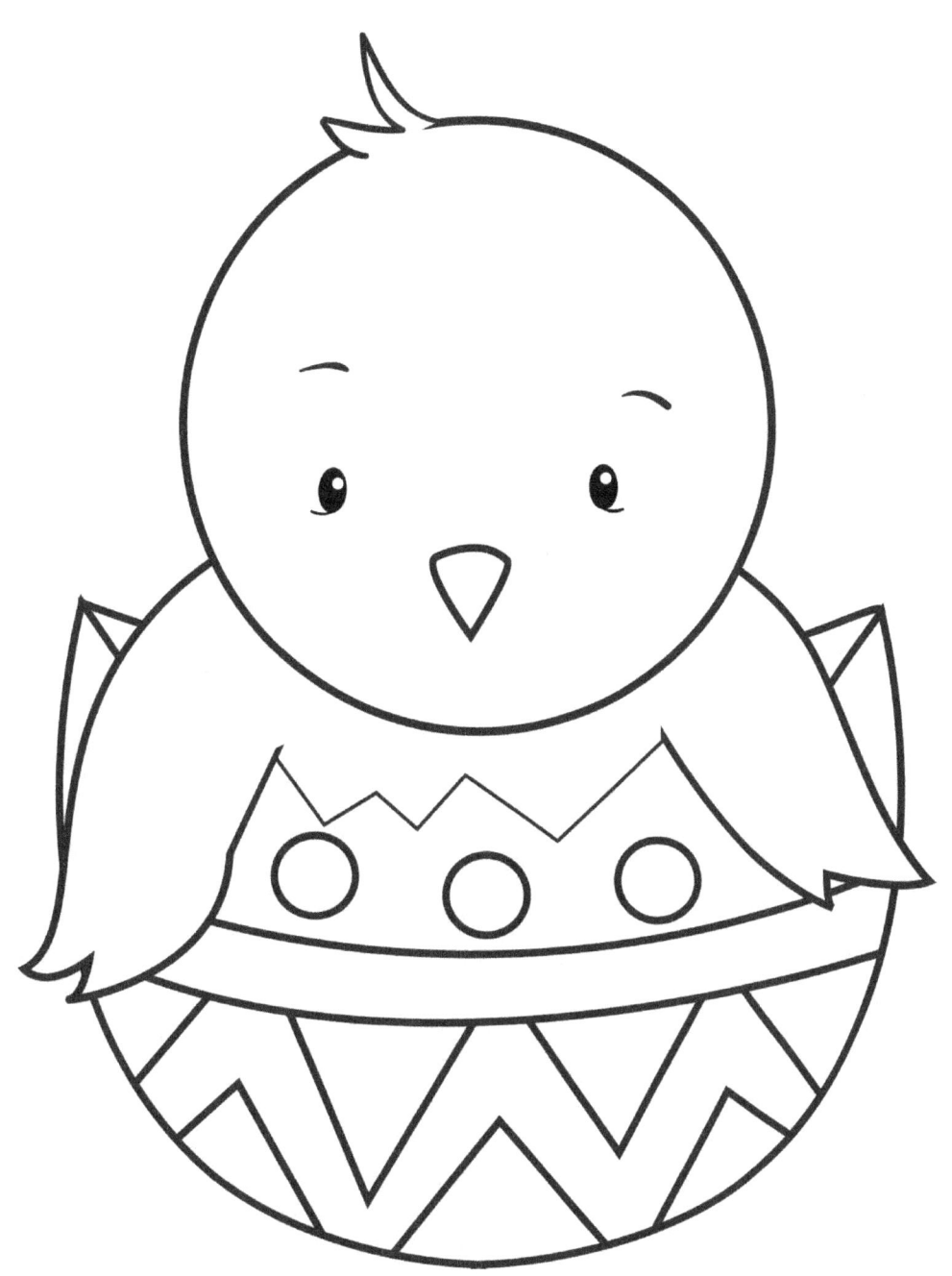

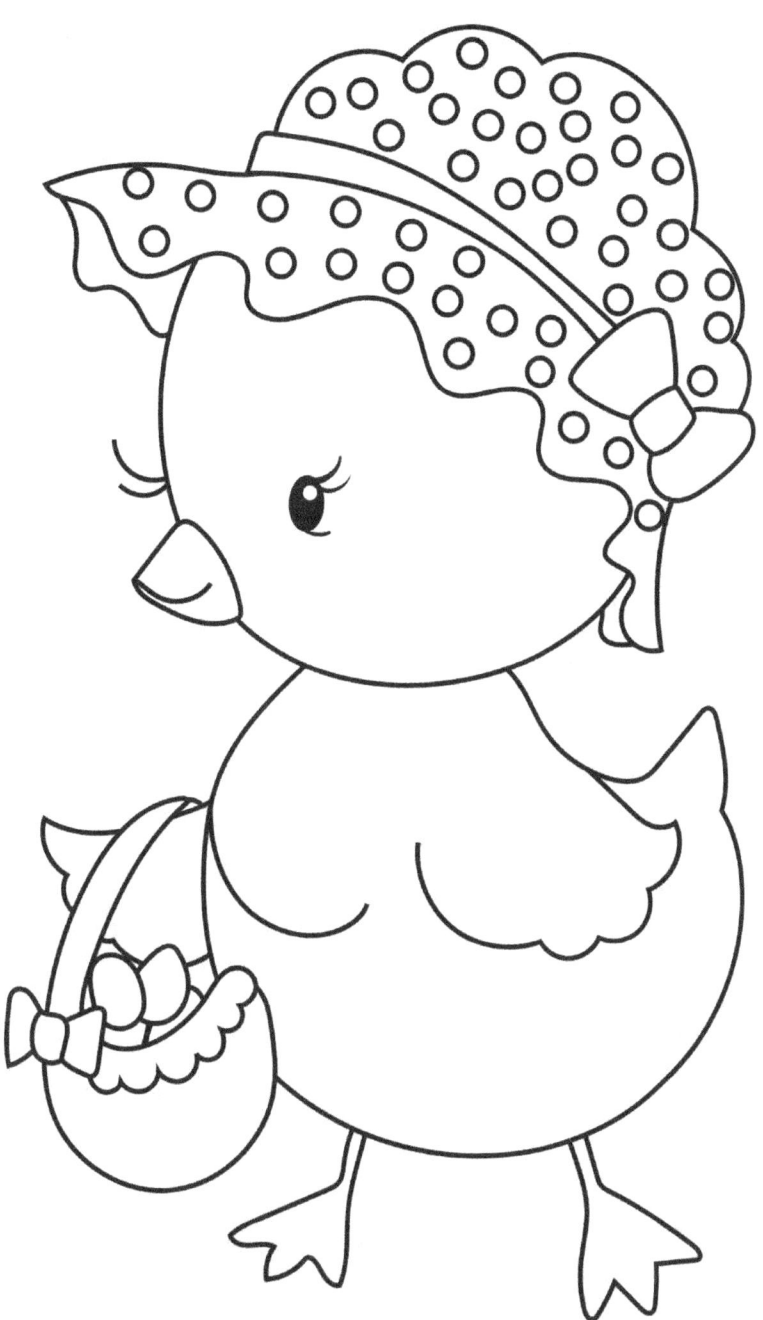

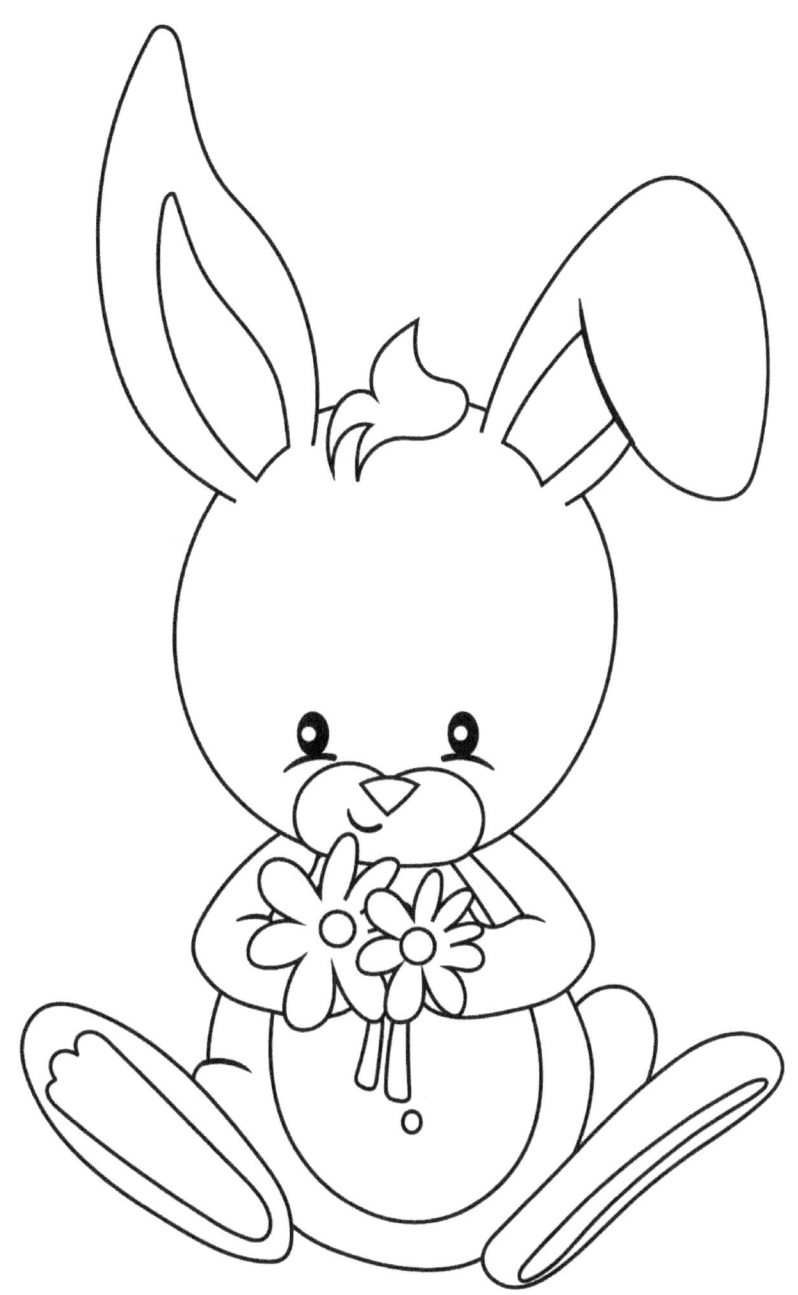

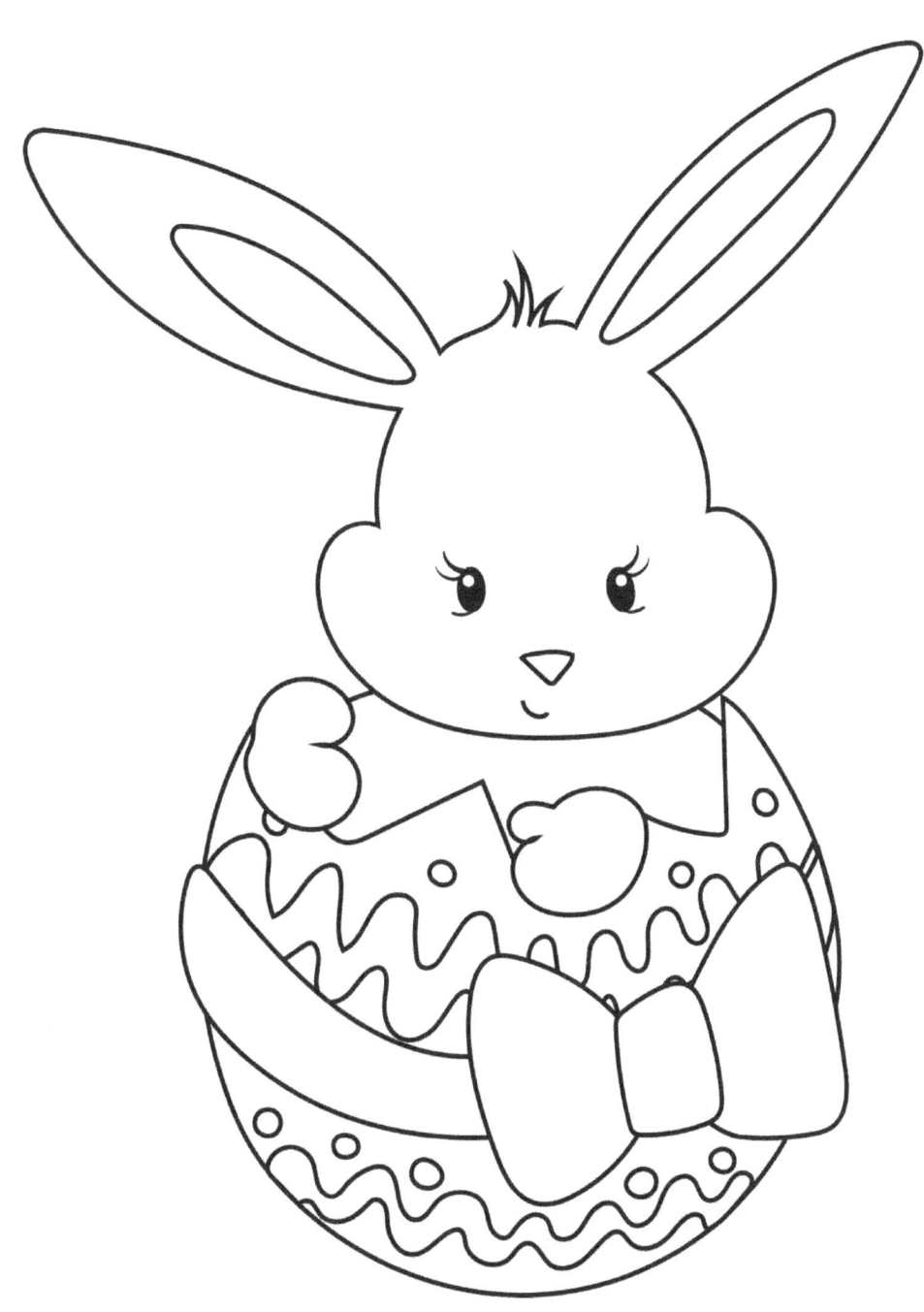

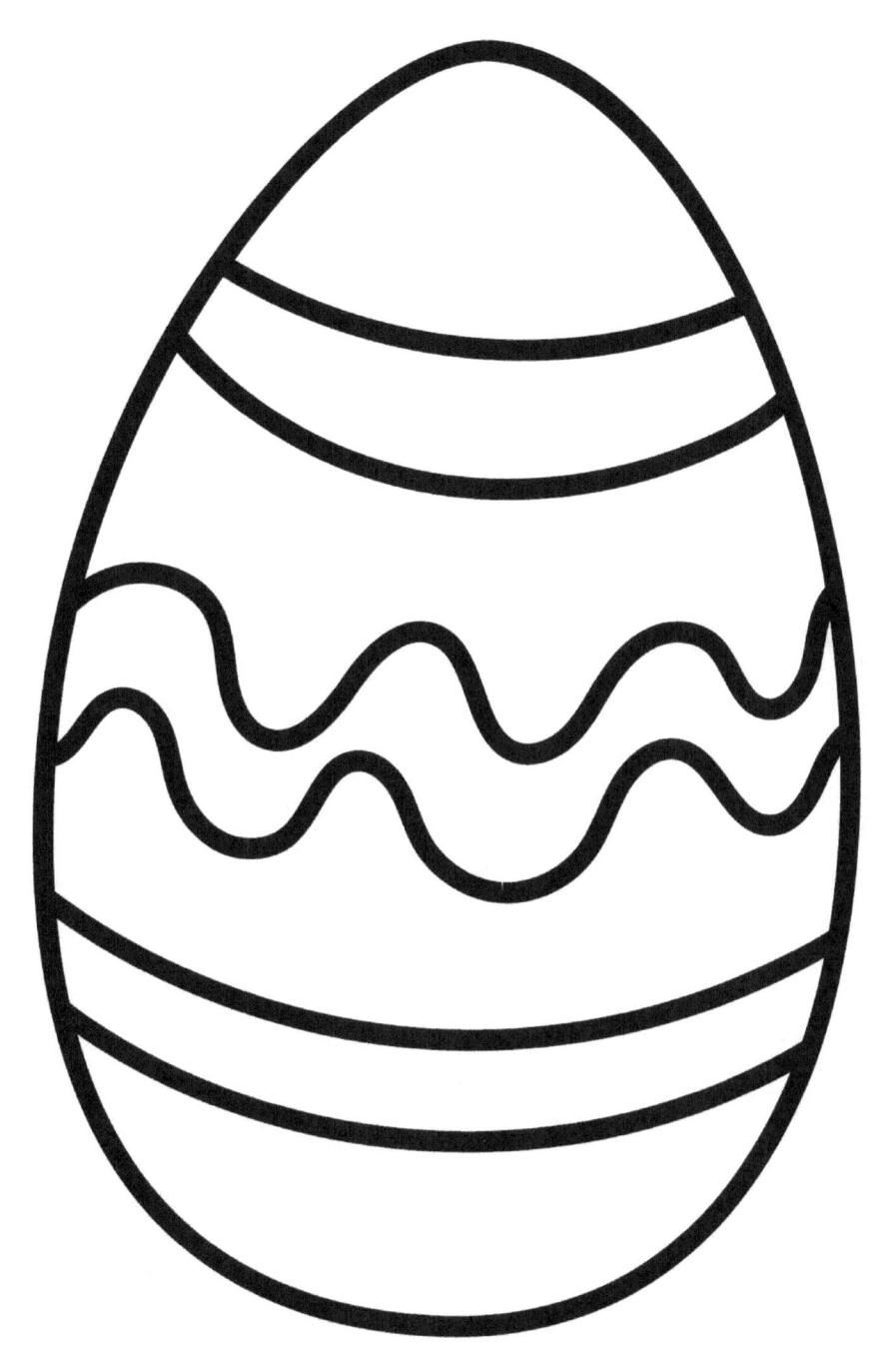

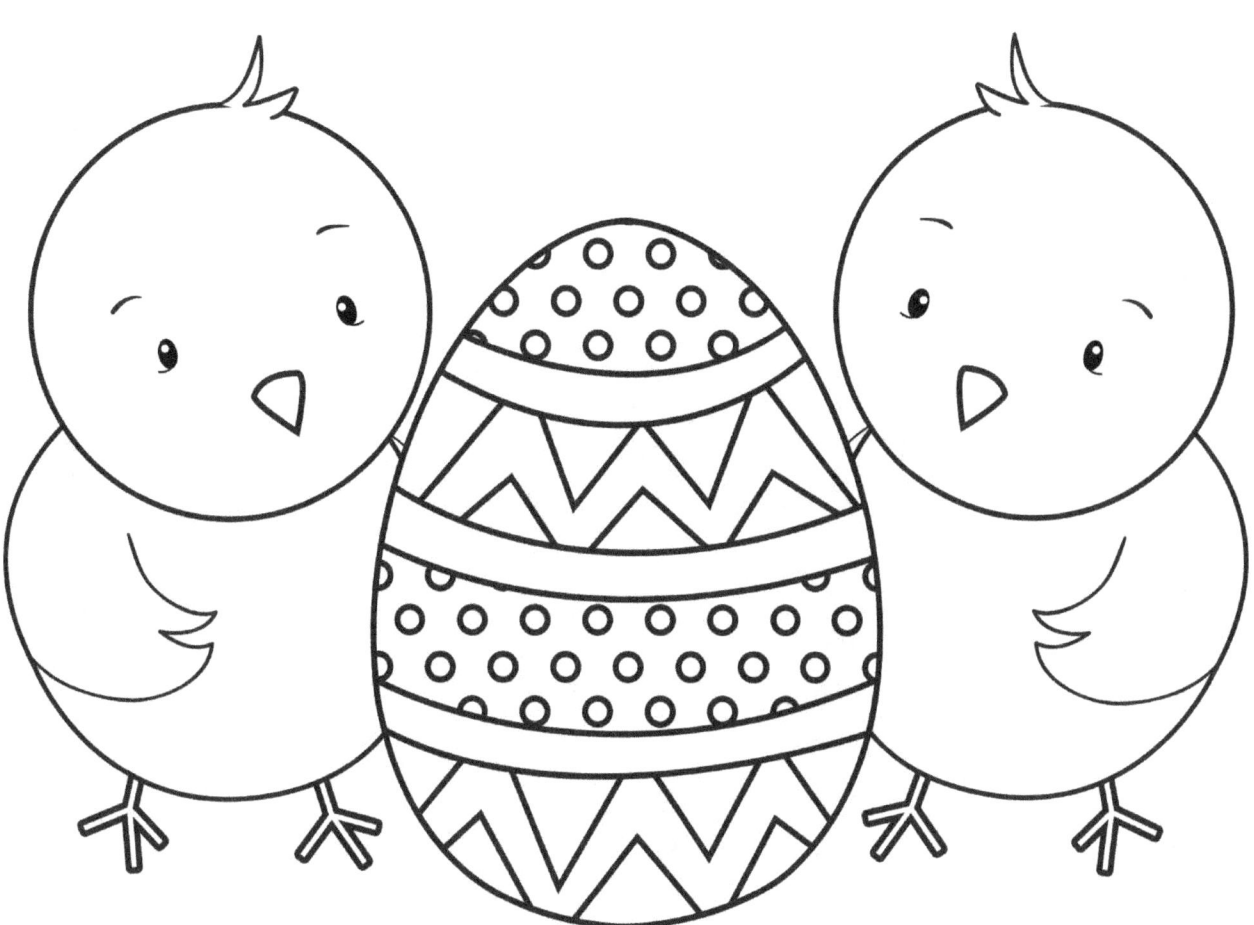

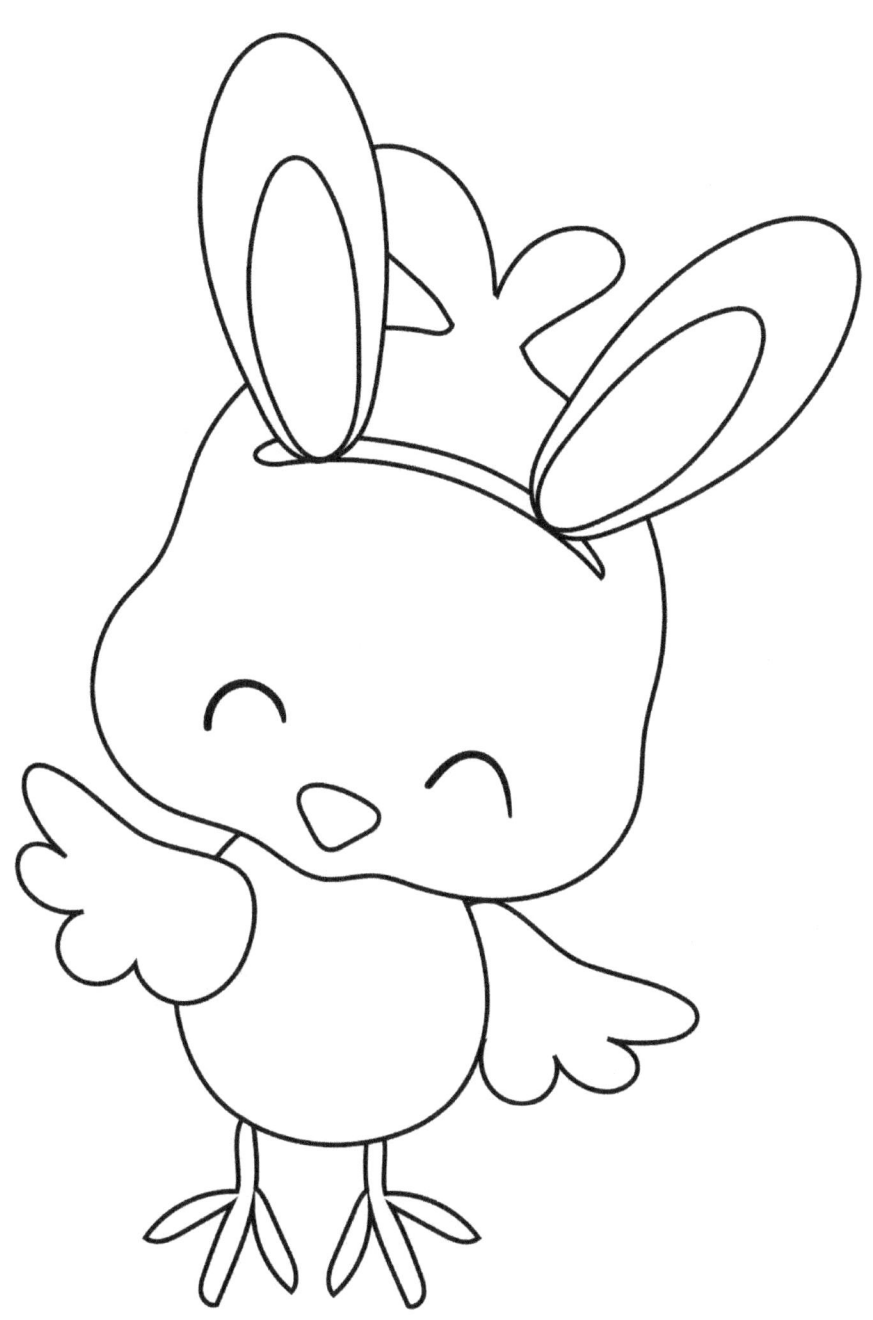

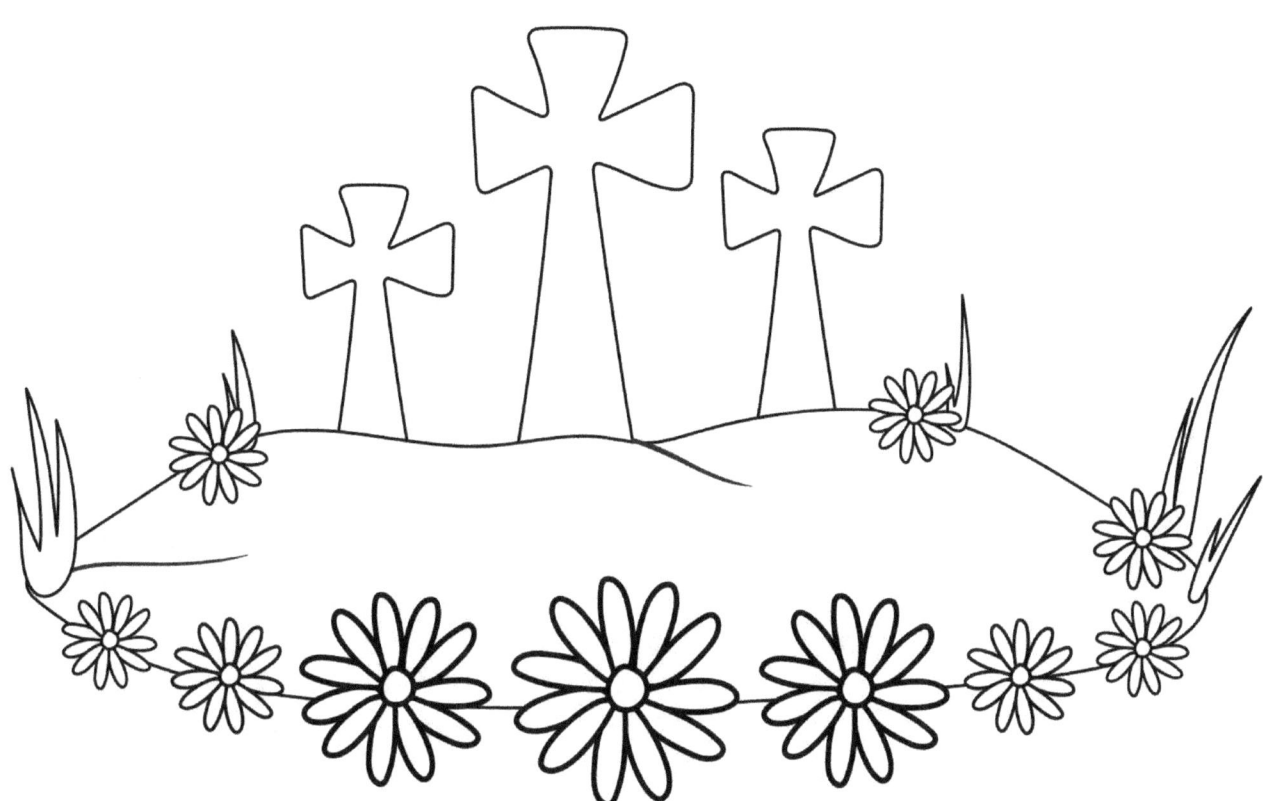

www.ingramcontent.com/pod-product-compliance
Lightning Source LLC
Chambersburg PA
CBHW060433220526
45465CB00008B/3124